所得所见

农讲所纪念馆馆藏文物图录

毛泽东同志主办农民运动讲习所旧址纪念馆 编

文物出版社

图书在版编目（ＣＩＰ）数据

所得 所见：农讲所纪念馆馆藏文物图录 / 毛泽东
同志主办农民运动讲习所旧址纪念馆编 . -- 北京 : 文物
出版社 , 2024.5
ISBN 978-7-5010-8412-8

Ⅰ.①所… Ⅱ.①毛… Ⅲ.①农民运动讲习所 - 纪念
馆 - 革命文物 - 图录 Ⅳ.① K871.62

中国国家版本馆 CIP 数据核字 (2024) 第 078756 号

所得 所见——农讲所纪念馆馆藏文物图录

编　　者	毛泽东同志主办农民运动讲习所旧址纪念馆
责任编辑	卢可可　李睿
特邀编辑	老嘉琪　刘美瑜
责任印制	张丽
装帧设计	佘艳敏
制作统筹	广州六宇文化传播有限公司
出版发行	文物出版社
地　　址	北京市东城区东直门内北小街 2 号楼
邮　　编	100007
网　　址	http://www.wenwu.com
印　　刷	广州市岭美文化科技有限公司
经　　销	新华书店
开　　本	889mm×1194mm　1/16
印　　张	18
版　　次	2024 年 5 月第 1 版
印　　次	2024 年 5 月第 1 次印刷
书　　号	ISBN 978-7-5010-8412-8
定　　价	380.00 元

编委会

馆藏一级文物：毛泽东主编《农民问题丛刊》（一套 24 本）

前　言

革命文物承载着党和人民英勇奋斗的光荣历史，记载中国革命的伟大历程和感人事迹，是党和国家的宝贵财富，是弘扬革命传统、激发爱国热情、振奋民族精神的生动教材。

毛泽东同志主办农民运动讲习所旧址纪念馆，简称农讲所纪念馆，是依托全国重点文物保护单位——广州农民运动讲习所旧址建立的国家二级博物馆。从 1924 年 7 月至 1926 年 9 月，在共产党人主持下广州农讲所连续举办了六届，培养了 800 余名农民运动骨干，为中国革命作出了历史性贡献。

农讲所纪念馆自 1953 年建馆以来，通过征集购买、个人捐赠和机构拨交等方式收藏了一批珍贵的革命文物。这些文物是中国共产党自创建以来历经大革命时期、土地革命时期、抗日战争时期、解放战争时期、社会主义建设时期所留存的红色历史见证，内容丰富，种类多样，其中与农讲所、中国共产党开展农民运动相关的文物是农讲所纪念馆收藏的一大特色与突出优势。根据 2021 年和 2023 年公布的《广东省革命文物名录》显示，广东省可移动革命文物 4952 件（套），其中农讲所纪念馆有 1052 件（套）藏品列入该名录。

本图录以农讲所纪念馆入选广东省第一批革命文物名录的馆藏为依托，从中选取具有重要历史价值、文献价值的近代以来各个历史时期珍贵革命文物共 429 件（套），按照藏品类别，分为文献图书、徽章证件、织物绣品、武器装备、货币票据、印信图章、音像制品、杂项八大类，类别之下按时间脉络，以图片形式分类分阶段系统展现馆藏革命文物。

2022 年，全国文物工作会议提出"保护第一、加强管理、挖掘价值、有效利用、让文物活起来"的新时代文物工作方针，进一步突出了文物工作的重要社会价值，为做好新形势下的文物工作指明了方向。本图录的出版既是对以往农讲所纪念馆藏品征集成果的展示与梳理，同时也为社会各界提升革命文物认识，加强广东革命史、中国近现代史研究提供重要参考，为深化革命文物的保护与利用提供依托。

谨以此书献给农民运动讲习所在广州正式开办一百周年！

目 录

文献图书

中國農民

第一期
中華民國十五年一月一日出版
中國國民黨中央執行委員會農民部發行

第六届农讲所学员孙选读过的书

清末民初
纸
孙菊英捐赠

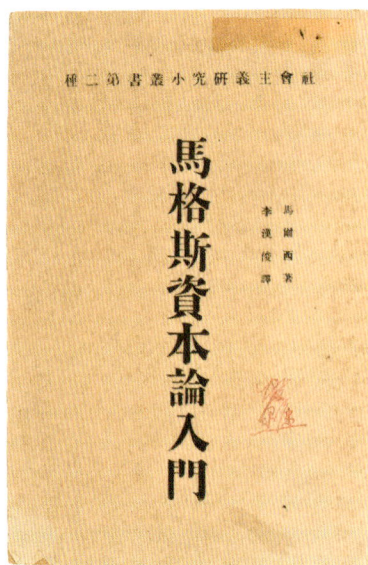

第五届农讲所学员贺尔康读过的
《马格斯资本论入门》

1920 年 9 月
纸
拨交

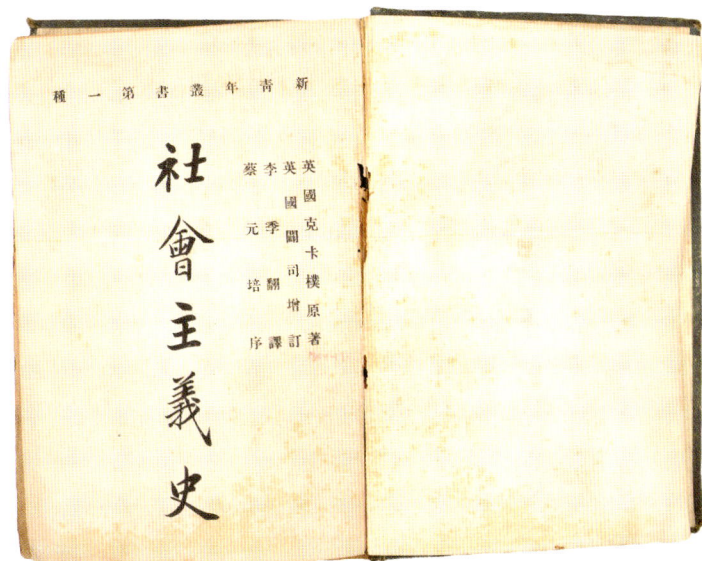

第六届农讲所学员解学海读过的
《社会主义史》

1920 年 10 月
纸
解加麟、解加鹤捐赠

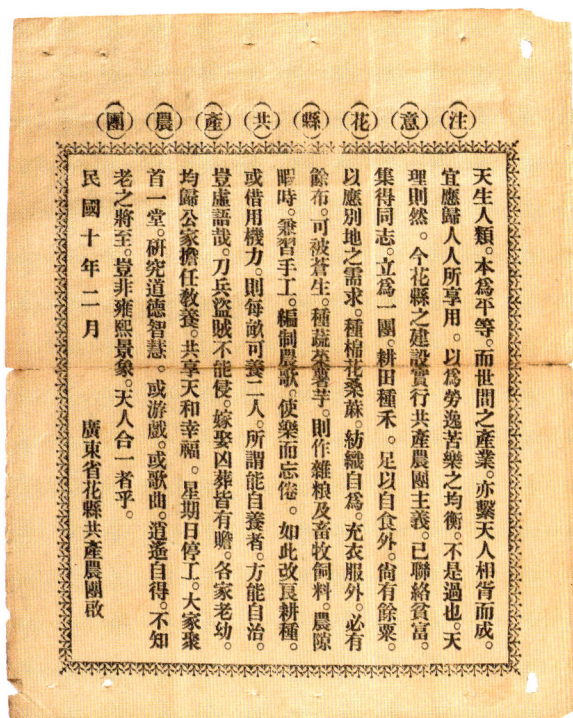

传单:《注意花县共产农团》

1921 年 2 月
纸
黄天成捐赠

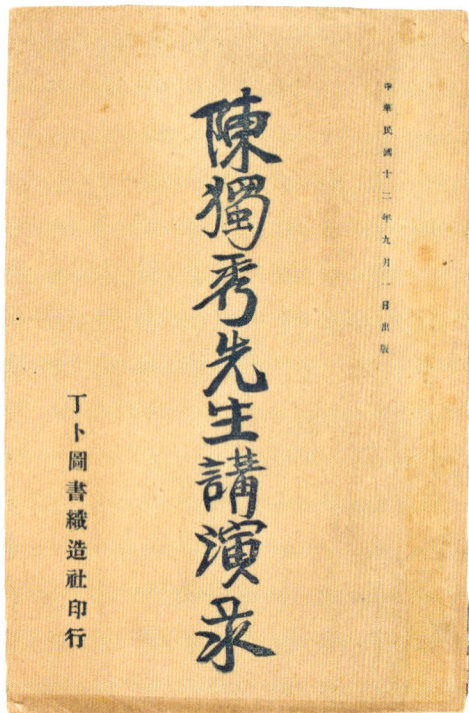

丁卜图书织造社印行
《陈独秀先生讲演录》

1923 年 9 月 1 日
纸
早期征集

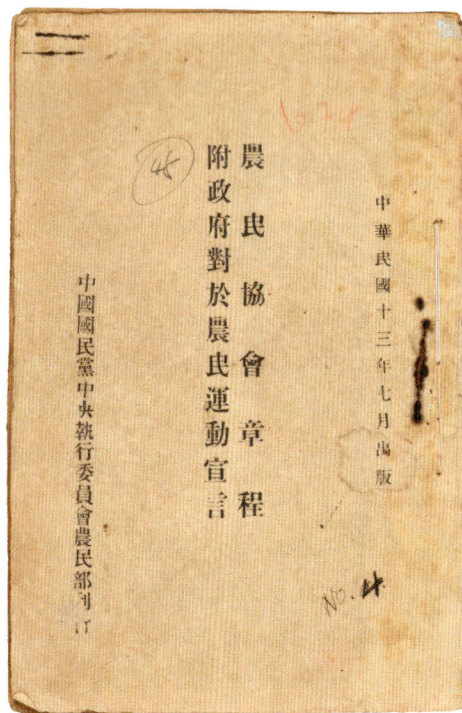

国民党中央执行委员会农民部刊行
《农民协会章程附政府对于农民运动宣言》

1924 年 7 月
纸
拨交

第二届农民运动讲习所学生入学检查表

1924 年 8 月
纸
早期征集

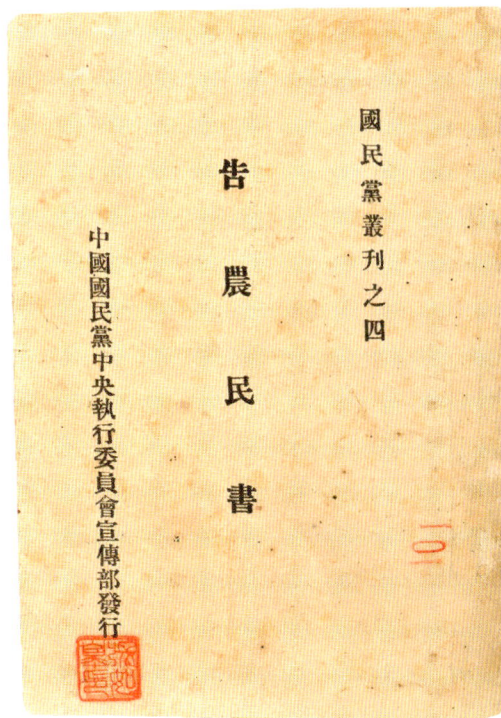

国民党中央执行委员会宣传部发行
《告农民书》

1924 年 8 月
纸
移交

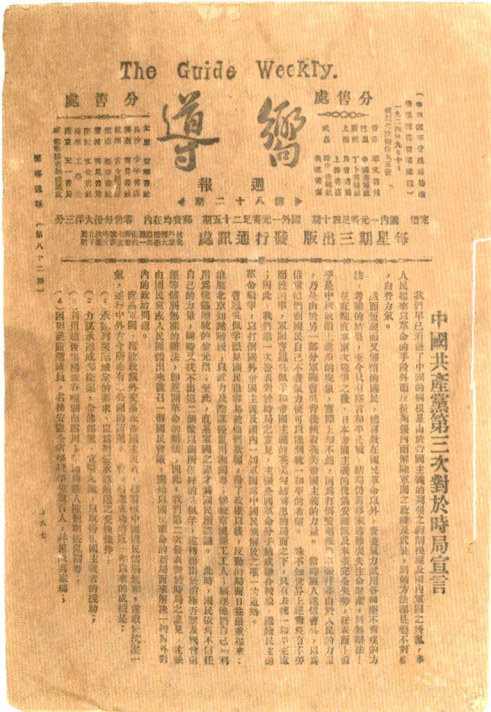

《向导》周报第八十二期

1924 年 9 月 10 日
纸
早期征集

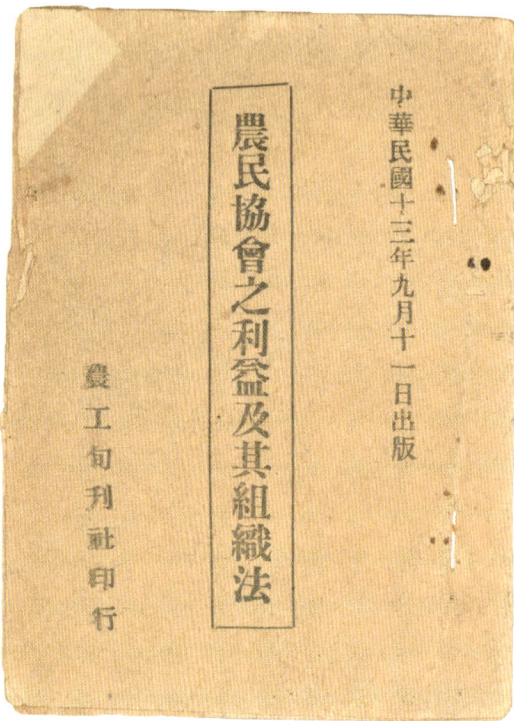

农工旬刊社印行
《农民协会之利益及其组织法》

1924 年 9 月 11 日
纸
拨交

中華郵政特准掛號認爲新聞紙類

民國十三年十二月初六日發行

中國青年

第五十六期

反對基督教運動

埃及民族獨立的奮鬥

道威斯針靈

「叫化子」問題

覆托菁職業者的信

本期研究題目

每冊二分國內一元寄五十期國外寄三十期

通訊處　上海小北門上海書店轉但一君

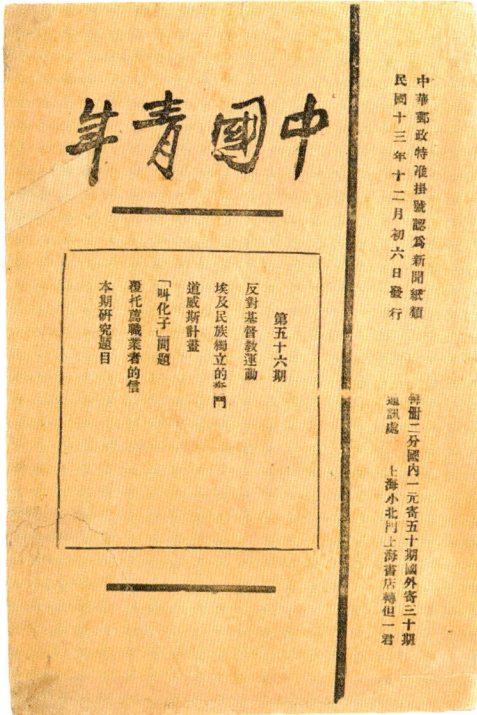

《中国青年》第五十六期

1924 年 12 月 6 日

纸

早期征集

全省青年運動人員大會宣言

全省的工，農，商，兵士，學生及一切的同胞們！

《广东全省青年运动人员大会宣言及决议案》

1924 年

纸

早期征集

列寧逝世二週年紀念日

告工人

親愛的工友們！

在二年前的今日，是我們無產階級失去了為我們利益而革命的導師列寧逝世的日子。」

列寧為要解放全世界的無產階級、脫離壓迫階級壓迫搾取的痛苦，把他的全副精神都貢獻於我們無產階級的利益上。現在俄國的工人，每天祇作八小時工作，得着的工錢比從前要多幾倍，這都是列寧從奮鬥中給與他們的。但是列寧還不認為滿足，他想把全世界的工人都得着解放，都像俄國的工人一樣得着利益。

工友們！現在俄國的工人乙經得着勝利了，但是我們中國的工人，仍是受國際帝國主義，軍閥，大資本家的壓迫剝削，弄得衣食都得不着飽暖，這是何等的痛苦，工友們！你們要脫離破壓迫的痛苦嗎？如要脫離此種奴隸的地位，只有大家團結起來，打倒軍閥，根本消滅國際資本帝國主義，這樣你們才能得着解放。我們在列寧逝世二週年紀念的日子，要高呼：

全世界工人階級聯合起來！
打倒世界資本帝國主義和一切壓迫階級！
中華民族解放萬歲！
全世界無產階級勝利萬歲！
國民革命成功萬歲！
世界革命成功萬歲！
孫文主義萬歲！
列寧主義萬歲！

東征軍總指揮部政治部印
一月廿一日

东征军总指挥部政治部传单：《列宁逝世二周年纪念日告工人》

1925 年 1 月 21 日
纸
拨交

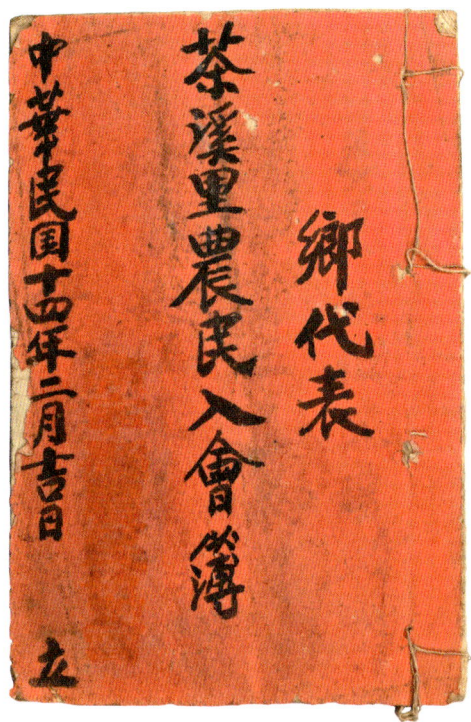

广宁县茶溪里农民入会簿

1925 年 2 月
纸
拨交

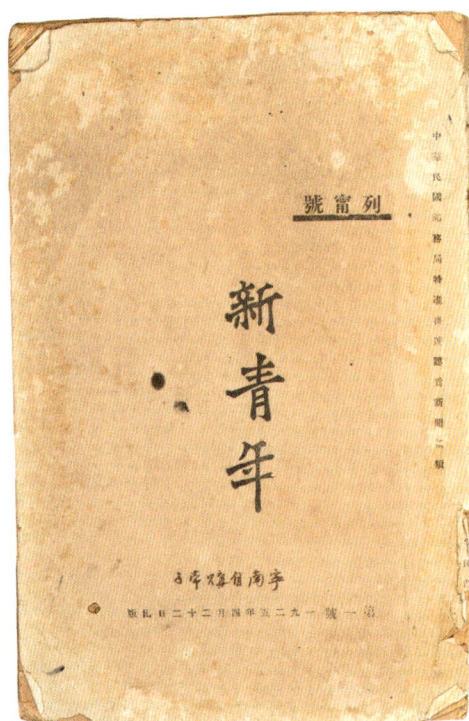

《新青年》列宁号

1925 年 4 月 22 日
纸
解加麟、解加鹤捐赠

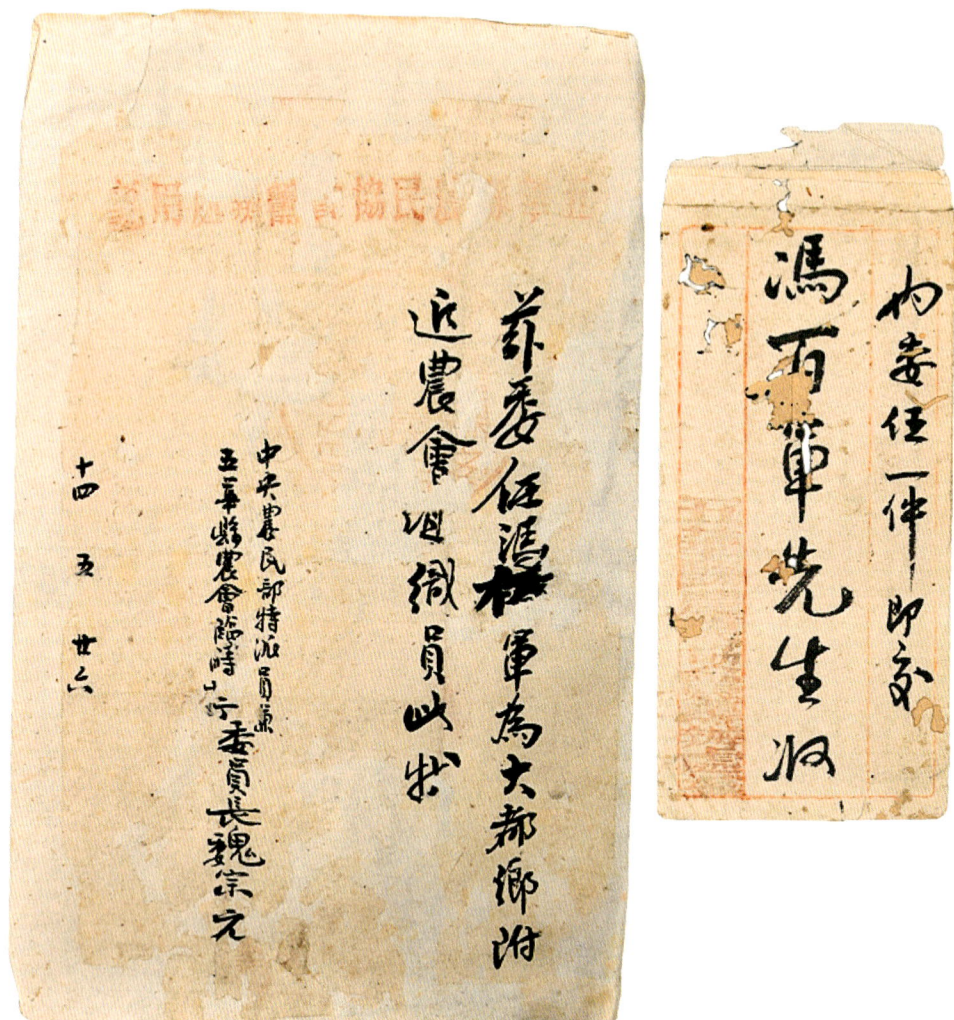

广东五华县农民协会筹备处委任状（附信封）

1925 年 5 月 26 日

纸

早期征集

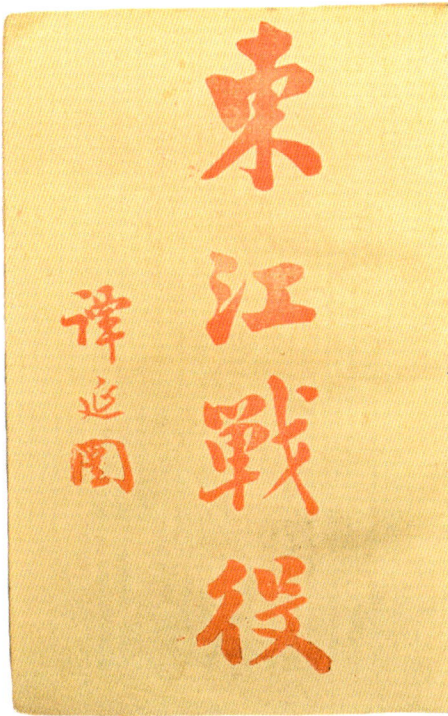

《革命军》之《东江战役》

1925 年 5 月 30 日
纸
早期征集

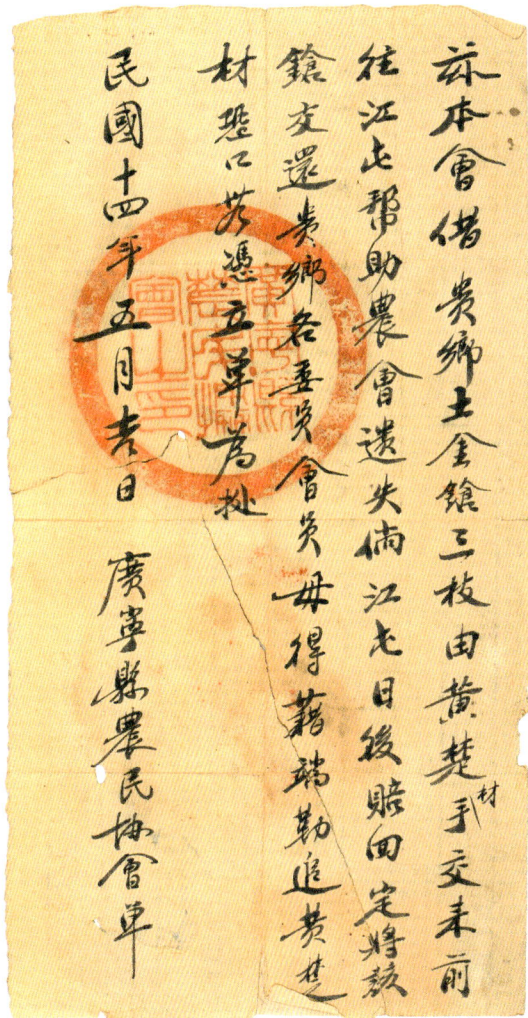

广宁县农民协会借枪凭单

1925 年 5 月
纸
拨交

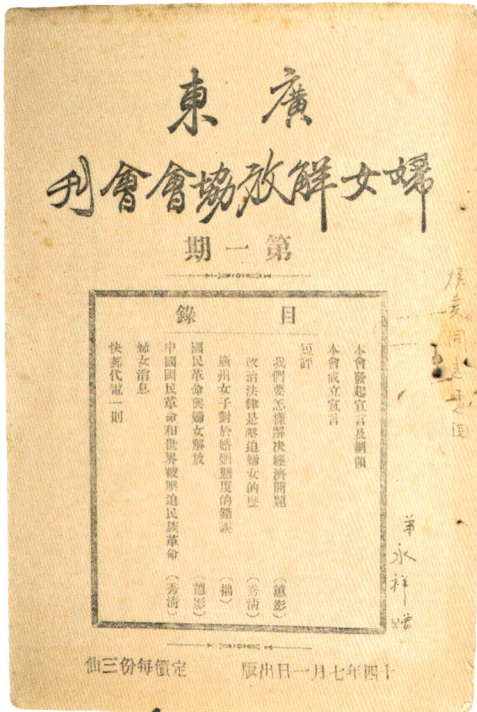

《广东妇女解放协会会刊》第一期

1925 年 7 月 1 日
纸
早期征集

青年政治宣传会印行
《帝国主义与中国》

1925 年 7 月
纸
早期征集

不平等條約

不平等條約目次

一 敘言
二 賠欵
三 外償
四 關稅主權
五 租借地，租界，領事裁判權，會審權
六 通商，航行，製造，築路，開礦，經營農業等權利
七 傳教，辦理學校，醫院，及其他文化事業
八 結論

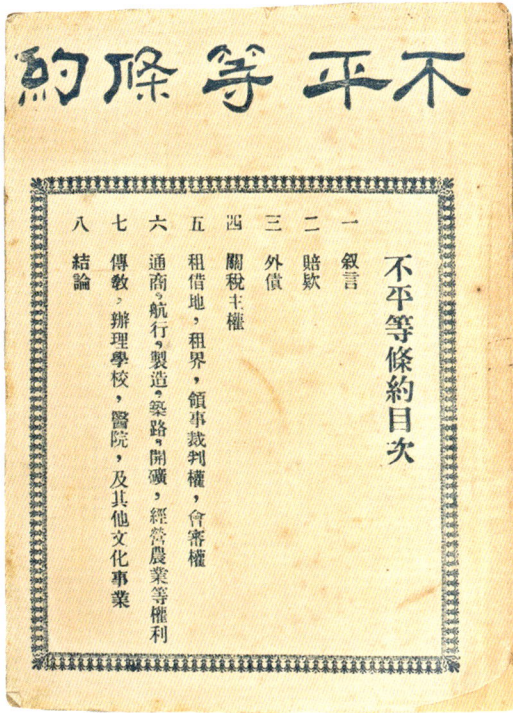

**向导周报社出版
《不平等条约》**

1925 年 9 月 7 日
纸
早期征集

全國的革命青年聯合起來！

香港學生

第二期 （非賣品） 函索即寄

通訊處：廣東大學

香港學生聯合會編輯
中華民國十四年九月九日出版

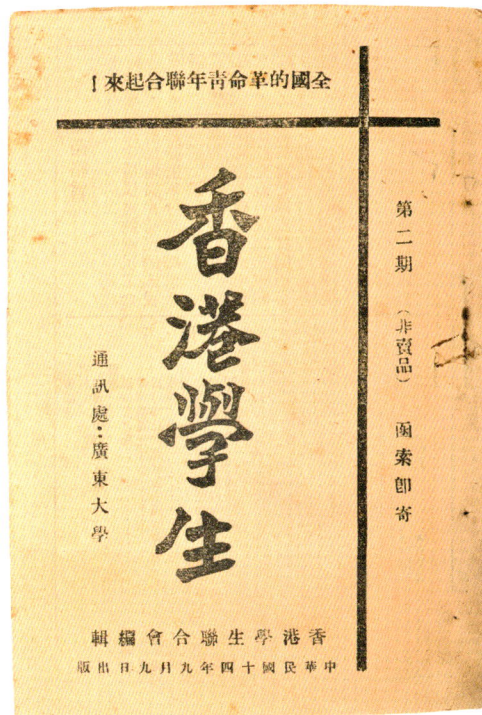

《香港学生》第二期

1925 年 9 月 9 日
纸
早期征集

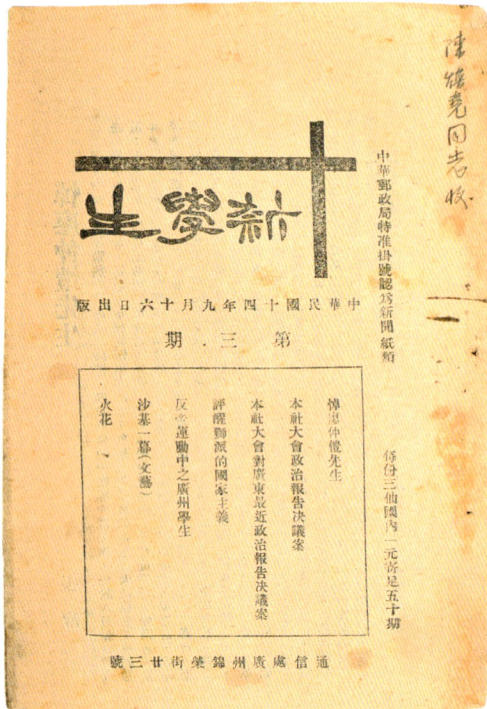

《新学生》第三期

1925 年 9 月 16 日
纸
早期征集

中国青年社编《马克思主义浅说》

1925 年 9 月
纸
早期征集

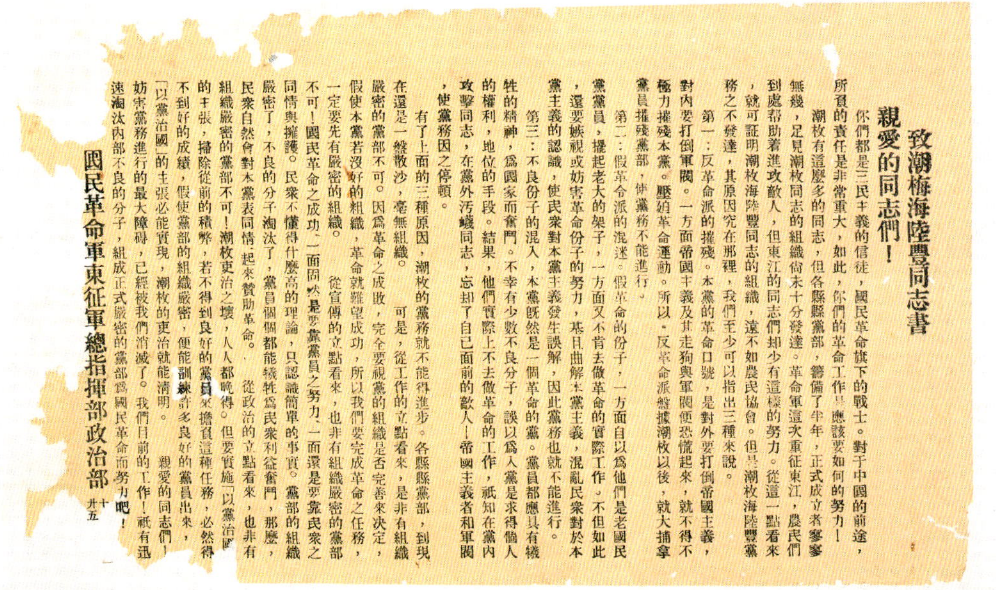

致潮梅海陸豐同志書

親愛的同志們！

你們都是三民主義的信徒，國民革命旗下的戰士。對于中國的前途，所負的責任是非常重大，如此，你們的革命工作是應該要如何的努力！

潮枚有這麼多的同志，但各縣縣黨部，籌備了半年，正式成立者寥寥無幾，足見潮枚同志的組織尙未十分發達。革命軍這次重征東江，農民們到處帮助着進攻敵人，但東江的同志們却少有這樣的努力。從這一點看來，就可証明潮枚海陸豐同志的組織，遠不如農民協會。但是潮枚海陸豐黨務之不發達，其原因究在那裡，我們至少可以指出三種來說。

第一：反革命派的摧殘。本黨的革命口號，是對外要打倒帝國主義，對內要打倒軍閥。一方面帝國主義及其走狗與軍閥便恐慌起來，就不得不極力摧殘本黨。壓縮革命運動。所以，反革命派盤據潮枚以後，就大捕拿黨員摧殘黨部，使黨務不能進行。

第二：假革命派的混迷。假革命的份子，一方面自以爲他們是老國民黨黨員，擺起老大的架子，一方面又不肯去做革命的實際工作。不但如此，還要嫉視或妨害革命份子的努力，甚且曲解本黨主義，混亂民衆對於本黨主義的認識，使民衆對本黨主義發生誤解，因此黨務也就不能進行。

第三：不良份子的混入，本黨既然是一個革命的黨。黨員都應具有犧牲的精神，爲國家而奮鬥。不幸有少數不良分子，誤以爲入黨是求得個人的權利，地位的手段。結果，他們實際上不去做革命的工作，祇知在黨內攻擊同志，在黨外汚衊同志，忘却了自己面前的敵人——帝國主義者和軍閥，使黨務因之停頓。

有了上面的三種原因，潮枚的黨務就不能得進步。各縣縣黨部，到現在還是一盤散沙，毫無組織。 可是，從工作的立點看來，是非有組織嚴密的黨部不可。因爲革命之成敗，完全要視黨的組織是否完善來决定，假使本黨若沒好的組織，革命就難望成功，所以我們要完成革命之任務，一定要先有嚴密的組織。 從宣傳的立點看來，也非有組織嚴密的黨部不可！國民革命之成功，一面固然是要靠黨員之努力，一面還是要靠民衆之同情與擁護。民衆不懂得什麼高的理論，只認識簡單的事實。黨部的組織嚴密了，不良的分子淘汰了，黨員個個都能犧牲爲民衆利益奮鬥，那麼，民衆自然會對本黨表同情，起來贊助革命。 從政治的立點看來，也非有組織嚴密的黨部不可！潮枚吏治之壞，人人都曉得。但要實施「以黨治國」的主張，掃除從前的積弊，若不得到良好的黨員來擔負這種任務，必然得不到好的成績，假使黨部的組織嚴密，便能訓練許多良好的黨員出來，「以黨治國」的主張必能實現，潮枚的吏治就能清明。 親愛的同志們！妨害黨務進行的最大障碍，已經被我們消滅了。我們目前的工作！祇有迅速淘汰內部不良的分子，組成正式嚴密的黨部爲國民革命而努力吧！

國民革命軍東征軍總指揮部政治部 十 廿五

国民革命军东征军总指挥部政治部传单：《致潮梅海陆丰同志书》

1925 年 10 月 25 日

纸

拨交

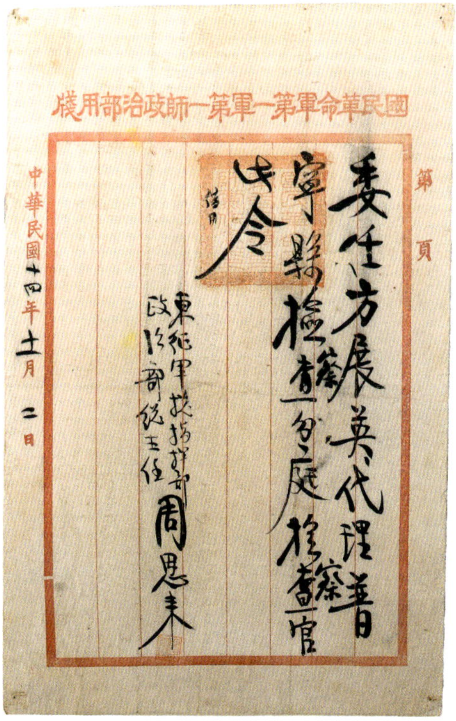

國民革命軍第一軍第一師政治部用牋

第 頁

委任方展英代理普寧縣檢察分庭檢察官

此令

東征軍總指揮部政治部總主任 周恩來

中華民國十四年十一月二日

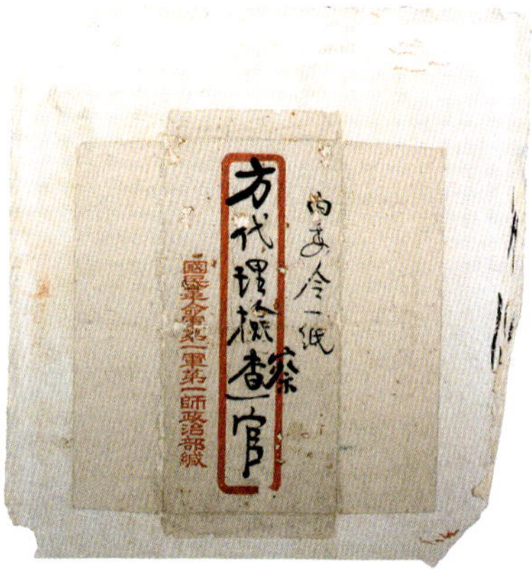

周恩来委任方展英代理

普宁检察分庭检察官令（附信封）

1925 年 11 月 2 日

纸

拨交

全世界無產階級和被壓迫人民聯合起來！

中國共產黨告農民書

一九二五年十一月印行

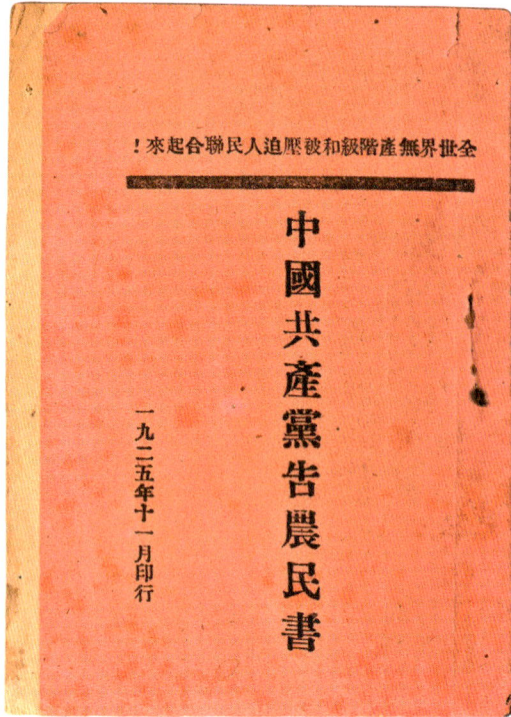

《中国共产党告农民书》

1925 年 11 月
纸
拨交

邓中夏著《省港罢工概观》

1925 年
纸
早期征集

顯微鏡下之醒獅派

目 要

「國家主義的教育」！
「有幾個是實行家」？
「左手之矛直攻右手之盾的醒獅派」
「國際資本帝國主義問題」與醒獅派
請看醒獅派之原形
什麼是「本國文化」？
「蘇俄走狗」的答覆
「減殺對外的戰鬥力」？
專政問題
中國今日之勞資階級
世界的平民不能聯合麼？
民族主義問題

中國青年社叢書第六種

中國青年社 一九二五年印行

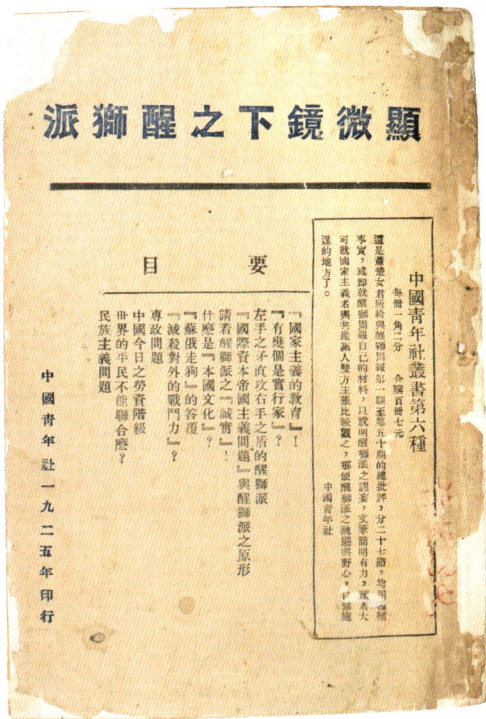

萧楚女著《显微镜下之醒狮派》

1925 年
纸
早期征集

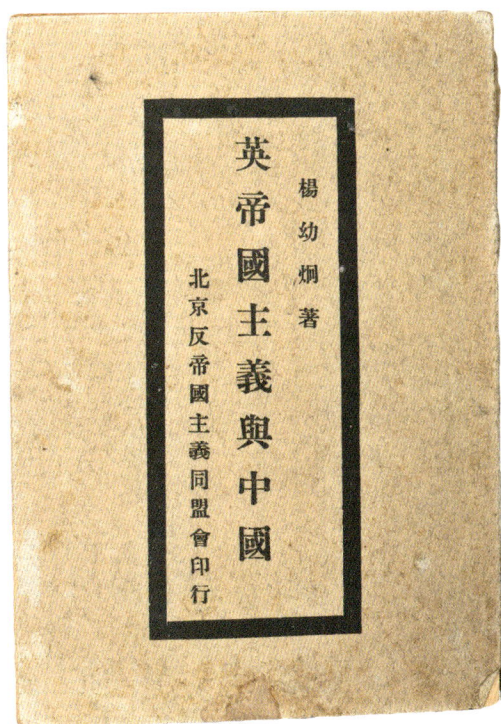

楊幼炯 著

英帝國主義與中國

北京反帝國主義同盟會印行

杨幼炯著《英帝国主义与中国》

1925 年
纸
早期征集

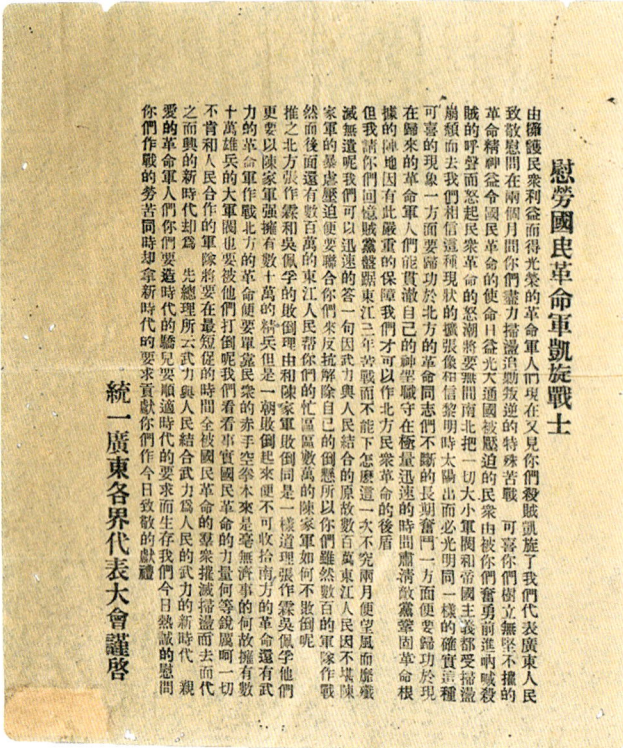

慰勞國民革命軍凱旋戰士

由擁護民衆利益而得光榮的革命軍人們坐在又見你們殺賊凱旋了我們代表廣東人民致散慰問在兩個月間你們努力奮勉追逐逆的特殊苦戰可容你們樹立無堅不摧的革命精神益令國民革命的使命日益光大通國被壓迫的民衆由被你們奮勇前進吶喊殺賊的呼聲而惹起民衆革命的怒潮要衝開南北把一切大小軍閥和帝國主義都受掃滅革命人們去我們相信還種現狀的擴張像相信太陽之光明同一樣的確實這種種崩潰而去我們相信還種現狀的保障於北方的革命同志們不斷的長期奮鬥一方面肅清散薈鞏固革命根...

統一廣東各界代表大會謹啓

統一广东各界代表大会传单：
《慰劳国民革命军凯旋战士》

1925 年
纸
拨交

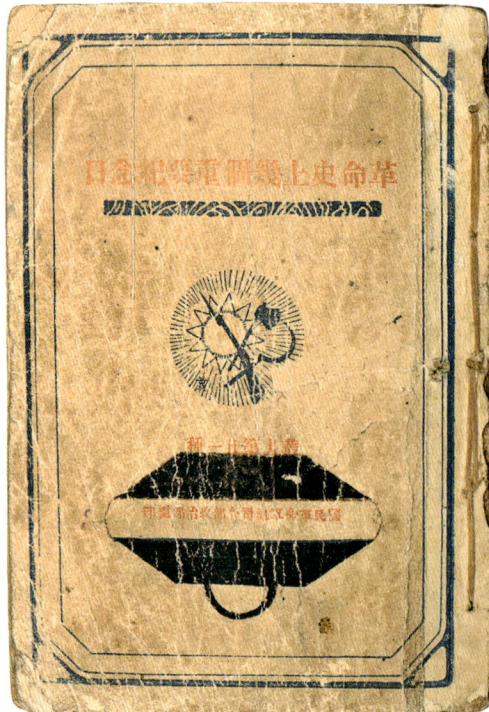

国民革命军总司令部政治部印
《革命史上几个重要纪念日》

1925 年
纸
早期征集

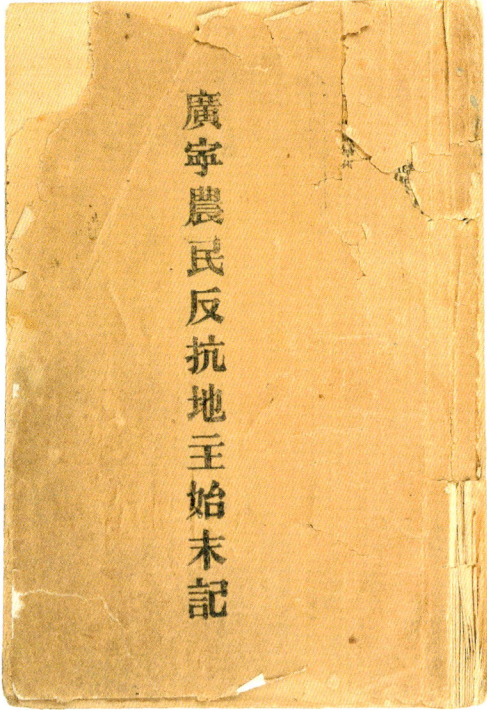

周其鉴著《广宁农民反抗地主始末记》

1925 年
纸
早期征集

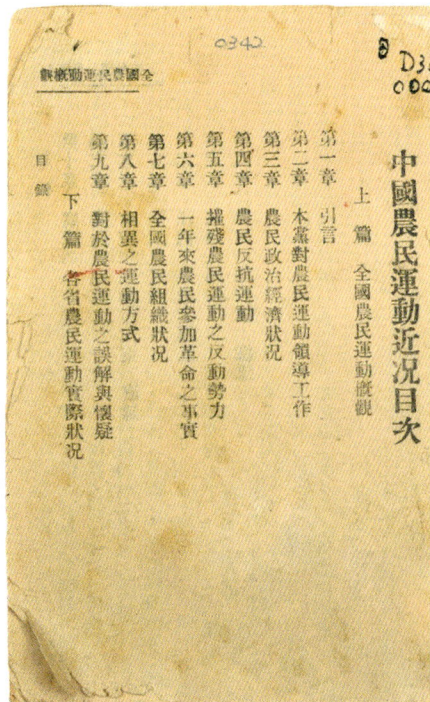

工农运动小册子合订本

1925 年至 1926 年
纸
拨交

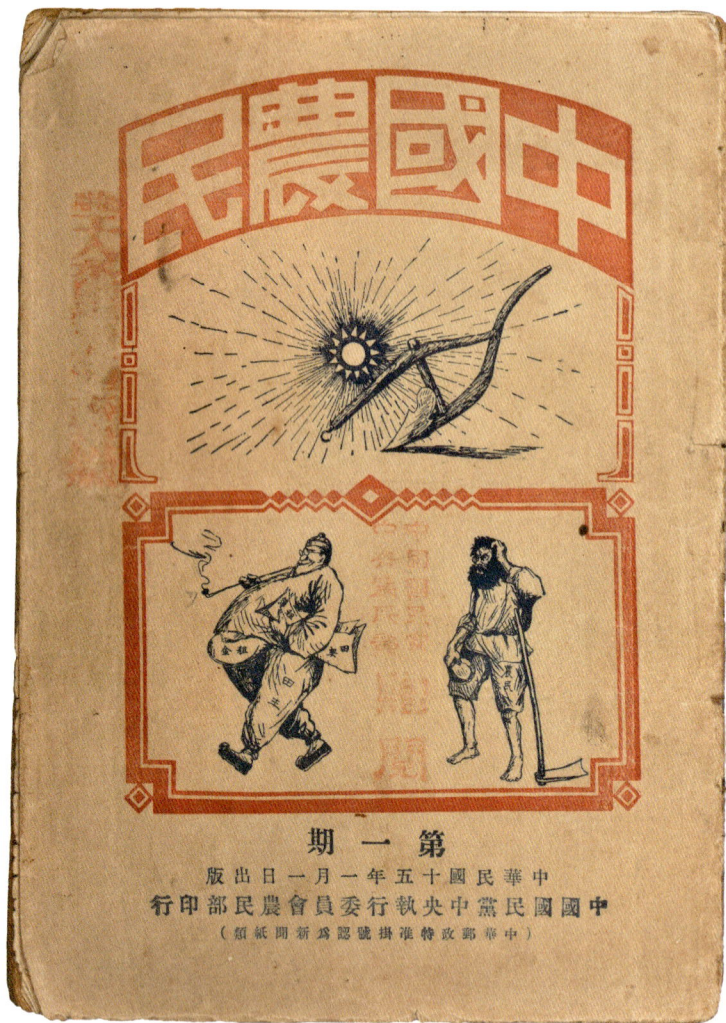

《中国农民》第一期

1926 年 1 月 1 日

纸

早期征集

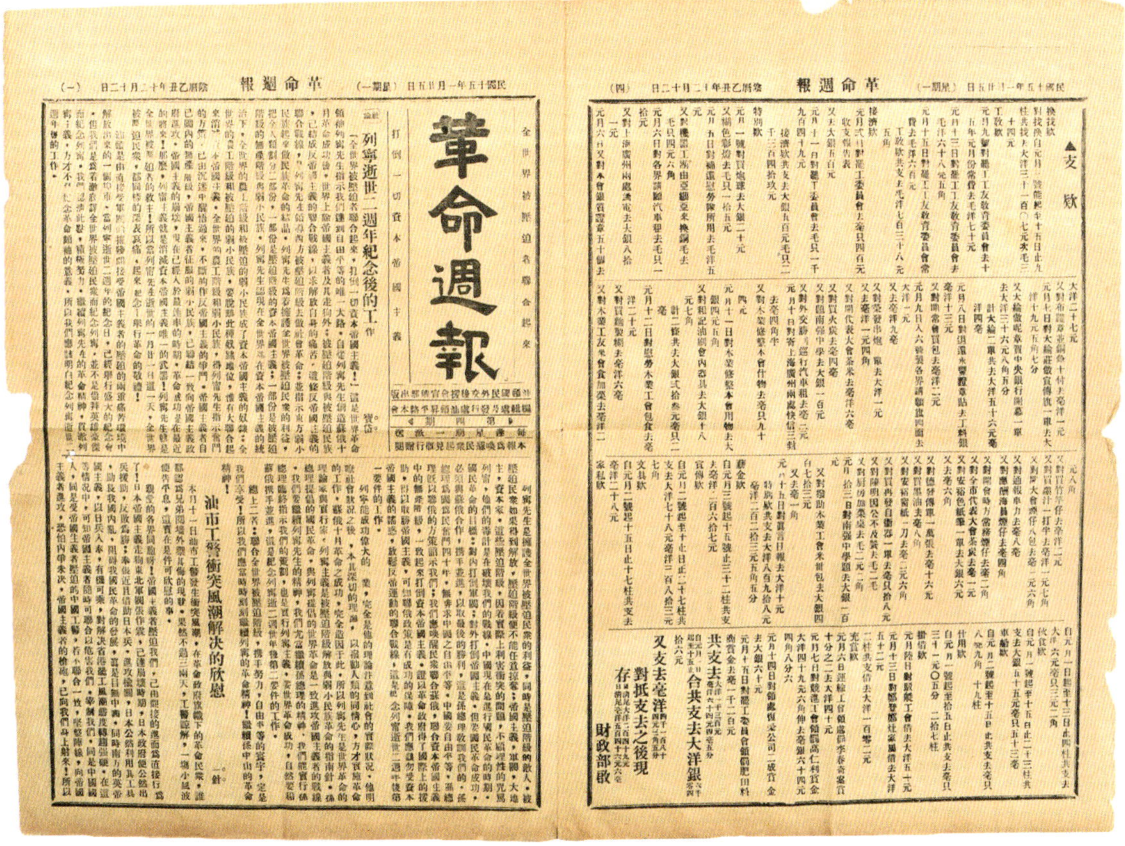

《革命周报》第四期

1926 年 1 月 25 日

纸

拨交

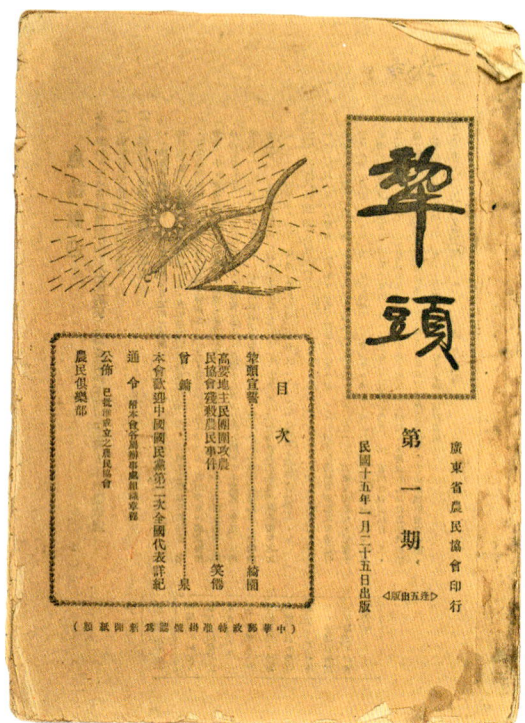

《犁头》旬报第一期

1926 年 1 月 25 日

纸

早期征集

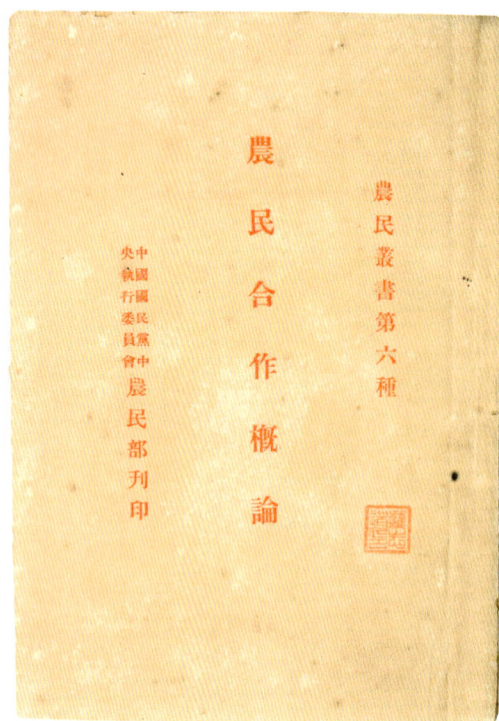

国民党中央执行委员会农民部刊印
《农民合作概论》

1926 年 1 月

纸

罗以文捐赠

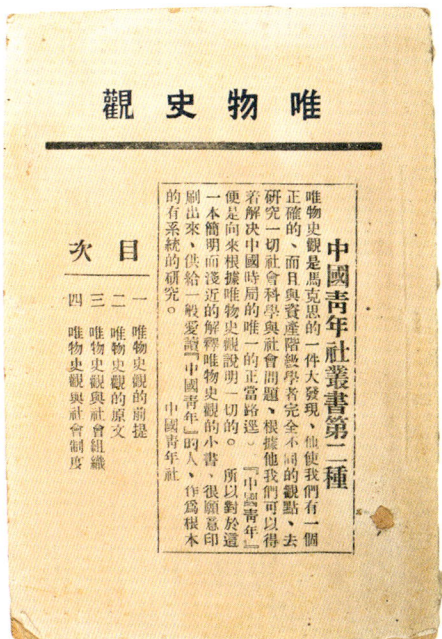

中国青年社编《唯物史观》

1926 年 1 月
纸
早期征集

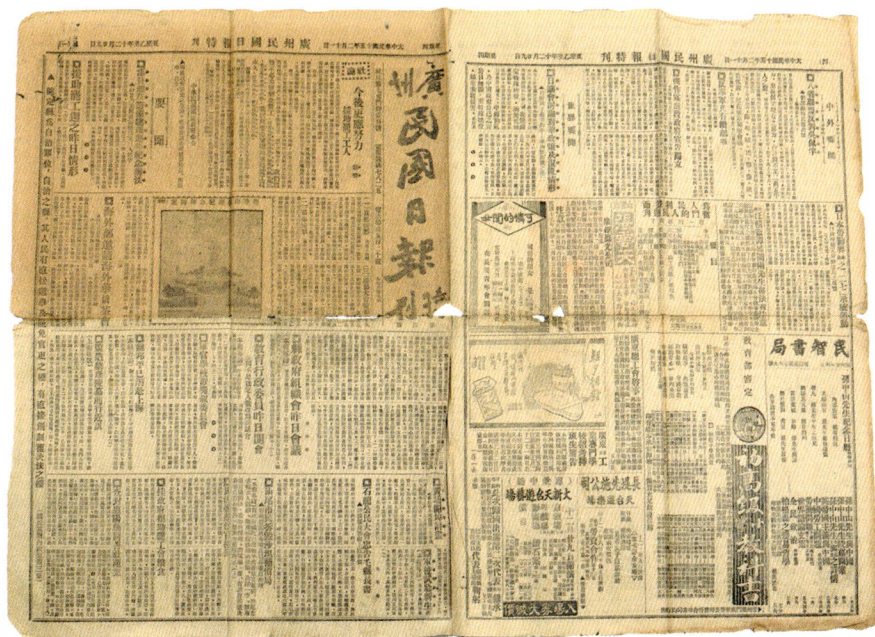

《广州民国日报》特刊

1926 年 2 月 11 日
纸
早期征集

国民革命军中央军事政治学校政治部印
《廖党代表讲演集》

1926 年 3 月
纸
早期征集

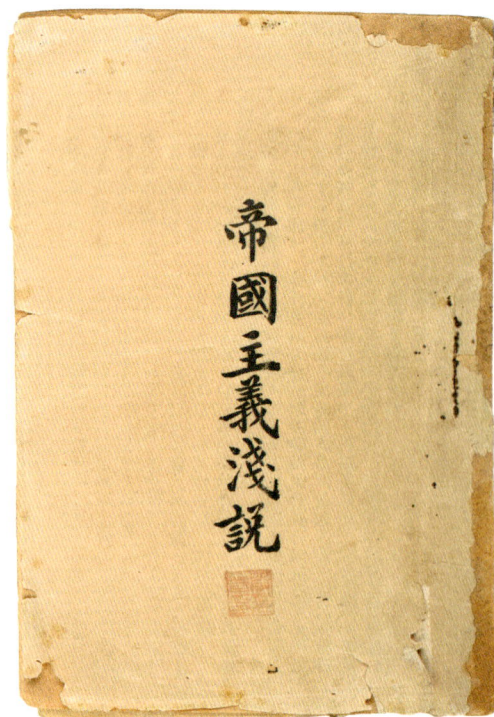

中国青年社编《帝国主义浅说》

1926 年 3 月
纸
早期征集

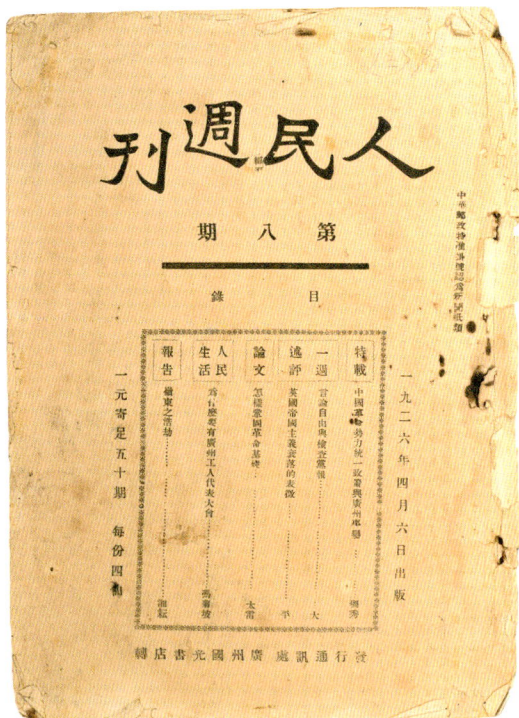

《人民周刊》第八期

1926 年 4 月 6 日
纸
早期征集

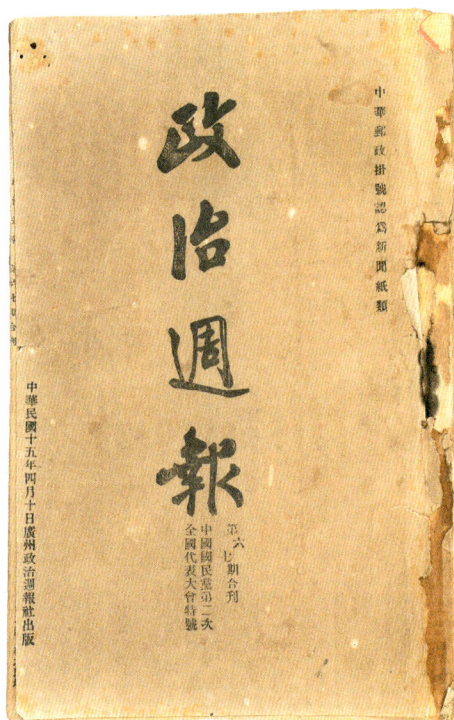

《政治周报》第六、七期合刊

1926 年 4 月 10 日
纸
早期征集

新青年叢書第八種

階級争鬥

德國 柯祖基 著

惲代英 譯

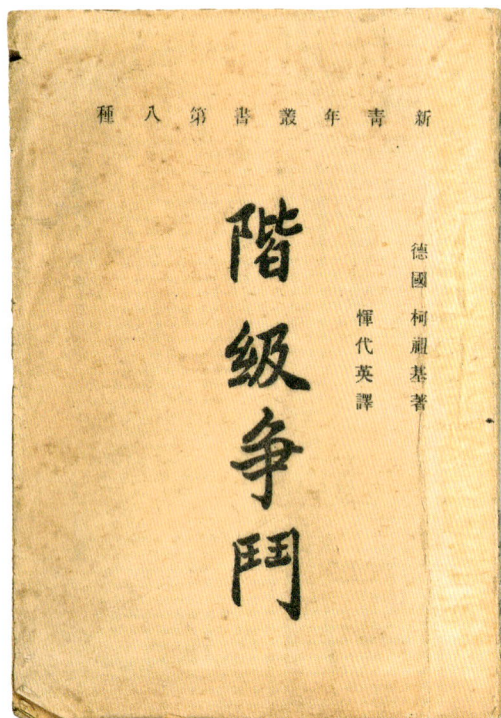

恽代英译《阶级争斗》

1926 年 4 月

纸

早期征集

中國共產黨五年來之政治主張

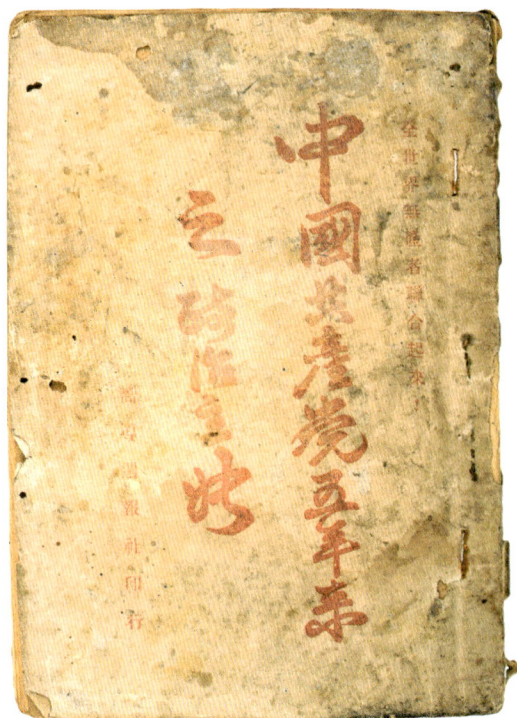

向导周报社印行
《中国共产党五年来之政治主张》

1926 年 5 月 1 日

纸

早期征集

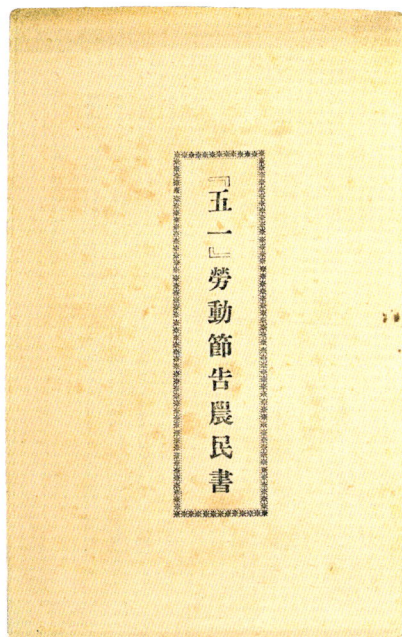

广东省农民协会
《"五一"劳动节告农民书》

1926 年 5 月 1 日
纸
罗以文捐赠

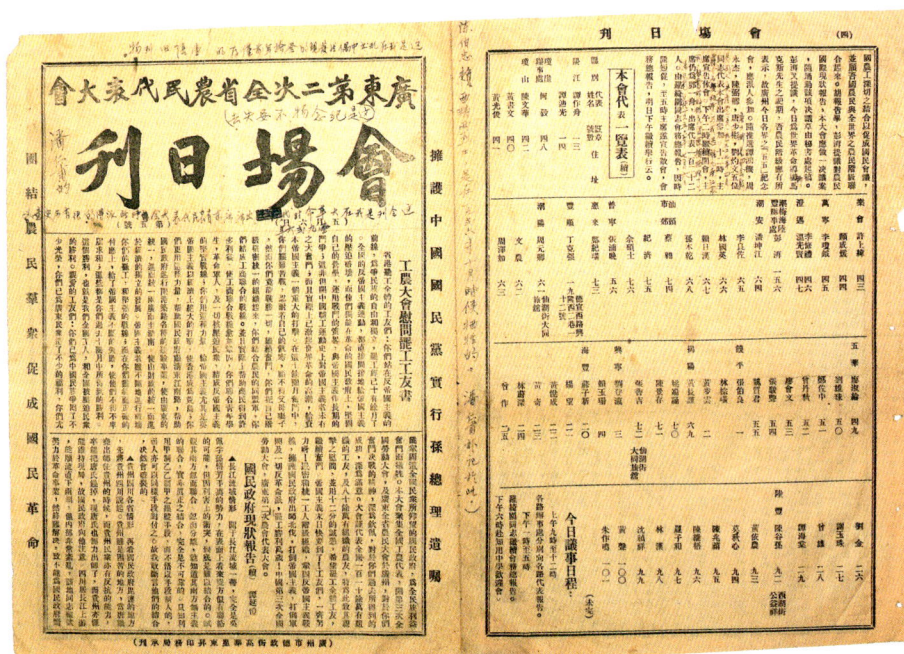

《广东第二次全省农民代表大会会场日刊》第五号

1926 年 5 月 6 日
纸
拨交

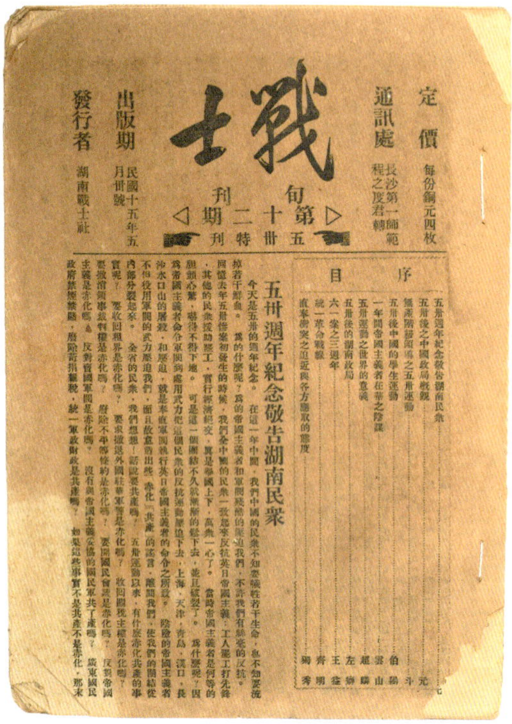

《战士》旬刊第十二期（五卅特刊）

1926 年 5 月 30 日
纸
拨交

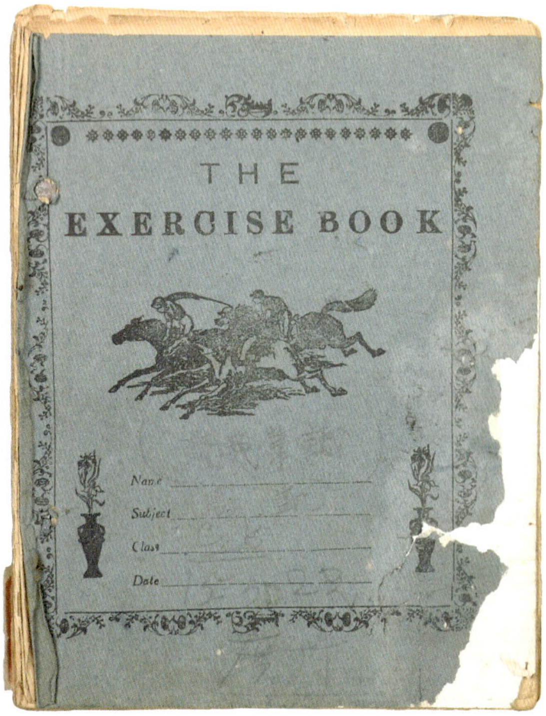

周凯在第六届农讲所学习的
听课笔记本

1926 年 5 月至 9 月
纸
周凯捐赠

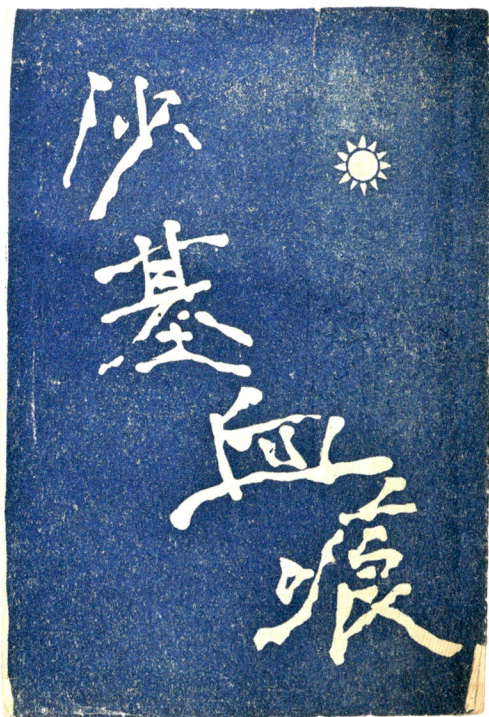

《青白花》第十三期《沙基血痕》

1926 年 6 月 23 日

纸

早期征集

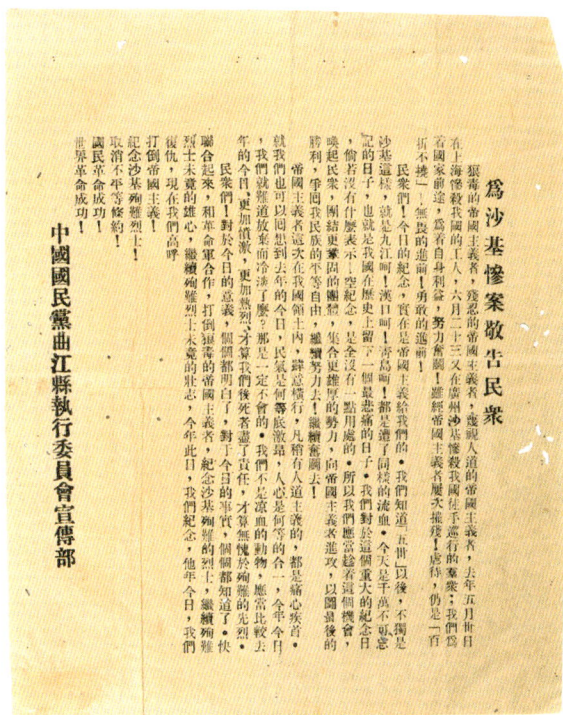

国民党曲江县执行委员会宣传部传单：
《为沙基惨案敬告民众》

1926 年 6 月

纸

拨交

邓中夏著《省港罢工中之中英谈判》

1926 年 7 月

纸

早期征集

農民協會及農民自衛軍旗式

（旗式說明）

旗上之黃幡書中華民國某省某縣某區某鄉農民協會或農民自衛軍字樣

《农民协会及农民自卫军旗式》

1926 年 7 月
纸
拨交

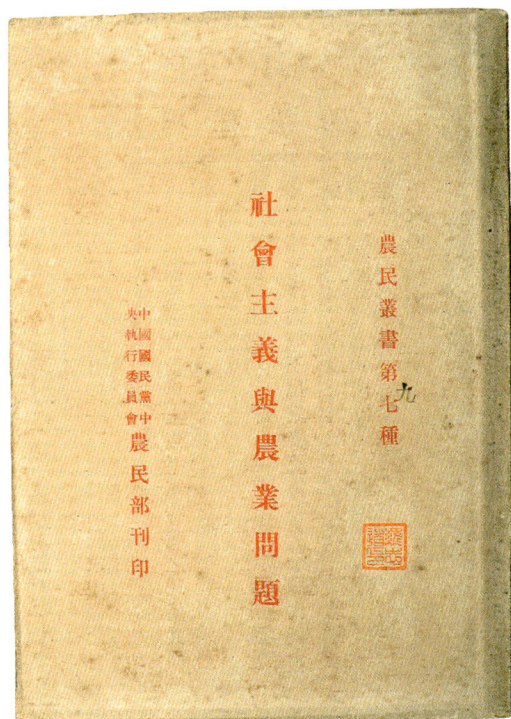

社會主義與農業問題

農民叢書第七種

中國國民黨中央執行委員會農民部刊印

国民党中央执行委员会农民部刊印
《社会主义与农业问题》

1926 年 7 月
纸
罗以文捐赠

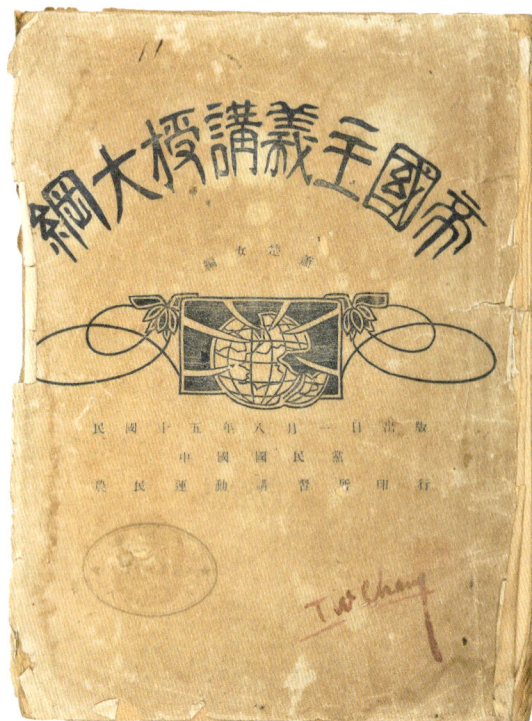

萧楚女编《帝国主义讲授大纲》

1926 年 8 月 1 日
纸
早期征集

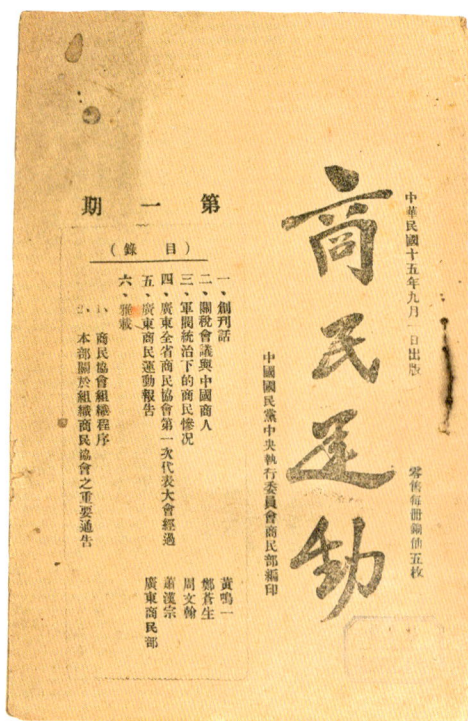

《商民运动》第一期

1926 年 9 月 1 日
纸
早期征集

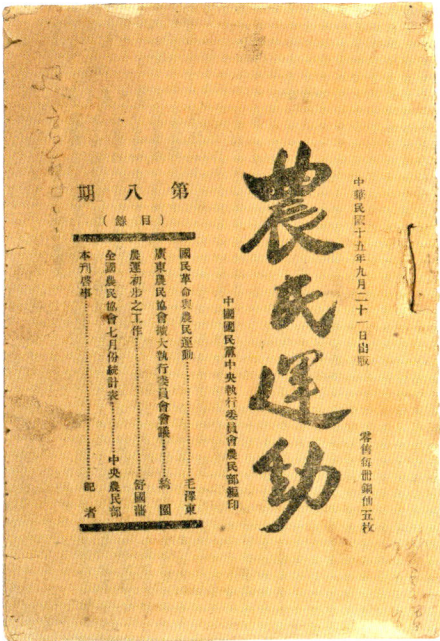

《农民运动》第八期

1926 年 9 月 21 日

纸

早期征集

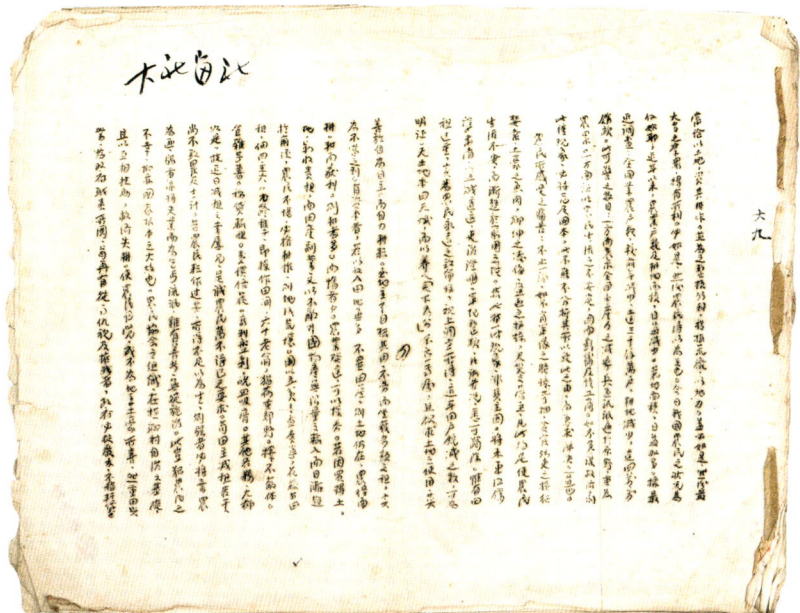

《国民政府对农民运动第三次宣言》

1926 年 9 月

纸

拨交

毛泽东主编《农民问题丛刊》

1926 年 9 月
纸
拨交

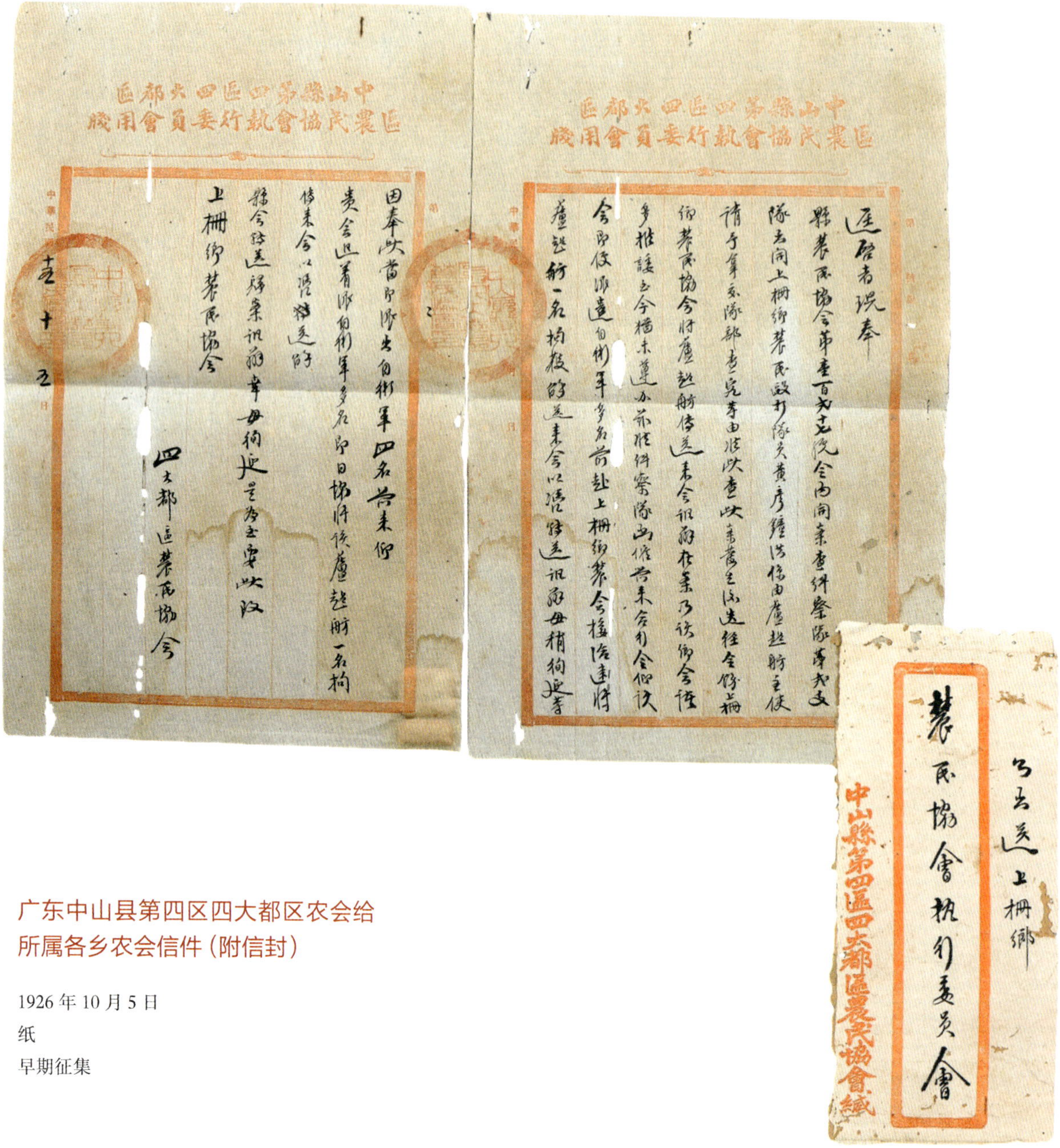

广东中山县第四区四大都区农会给
所属各乡农会信件（附信封）

1926 年 10 月 5 日

纸

早期征集

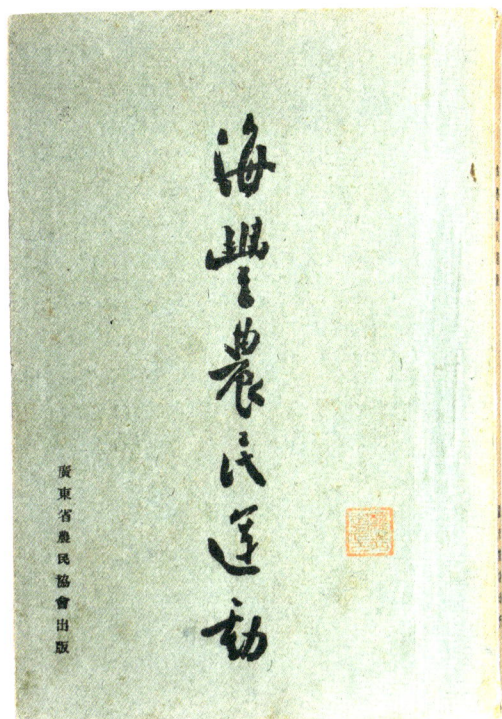

彭湃著《海丰农民运动》

1926 年 10 月

纸

早期征集

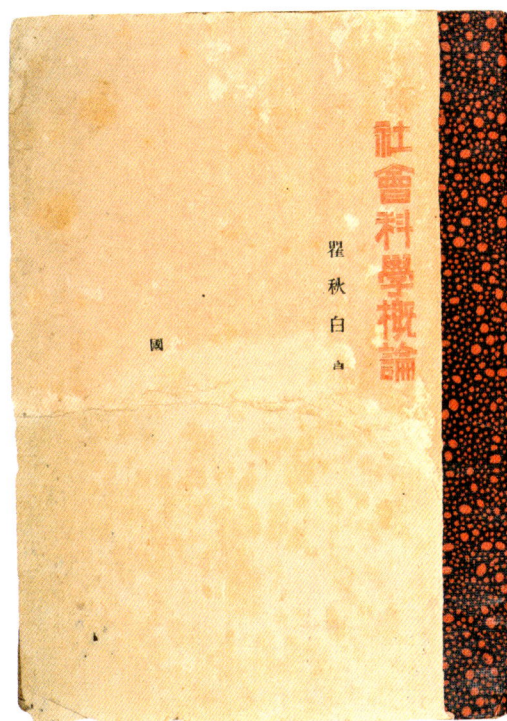

瞿秋白著《社会科学概论》

1926 年 10 月

纸

早期征集

新社會觀

目 次

第一章 資本主義
第二章 階級爭鬥與政黨
第三章 帝國主義與社會主義革命
第四章 共產主義
第五章 第一國際及巴黎公社
第六章 俄國革命運動史之一班
第七章 俄國共產黨史之一班
第八章 第二國際及第三國際
第九章 無產階級的獨裁判
第十章 職工聯合會及其功能
第十一章 蘇維埃俄國之財政系
第十二章 紅軍

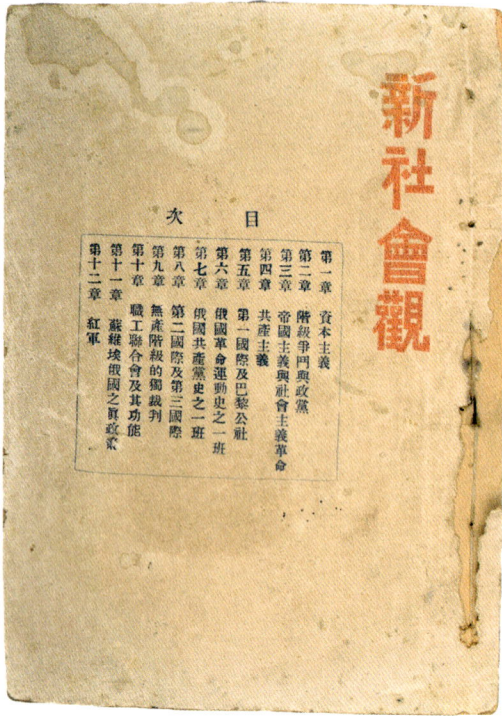

王伊维译、瞿秋白校《新社会观》

1926 年 10 月
纸
早期征集

国民党广东省执行委员会
农民部贺年卡

1926 年 10 月
纸
早期征集

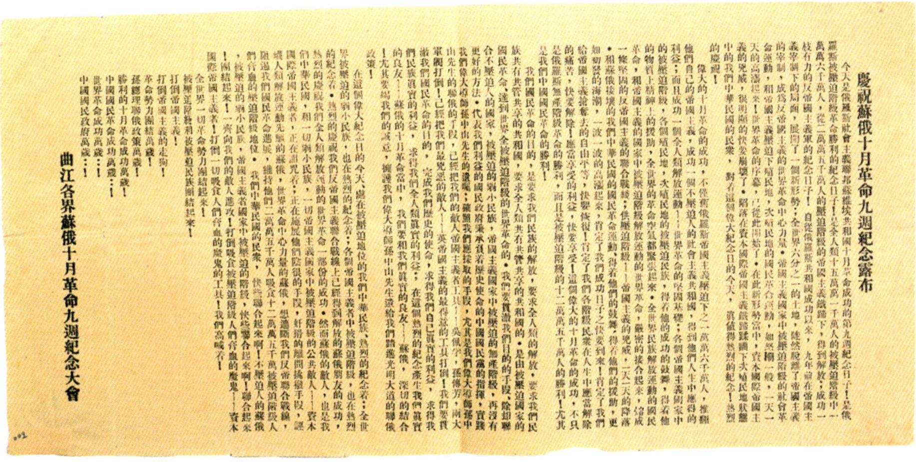

曲江各界苏俄十月革命九周（年）纪念大会传单：
《庆祝苏俄十月革命九周（年）纪念露布》

1926 年 11 月 7 日
纸
拨交

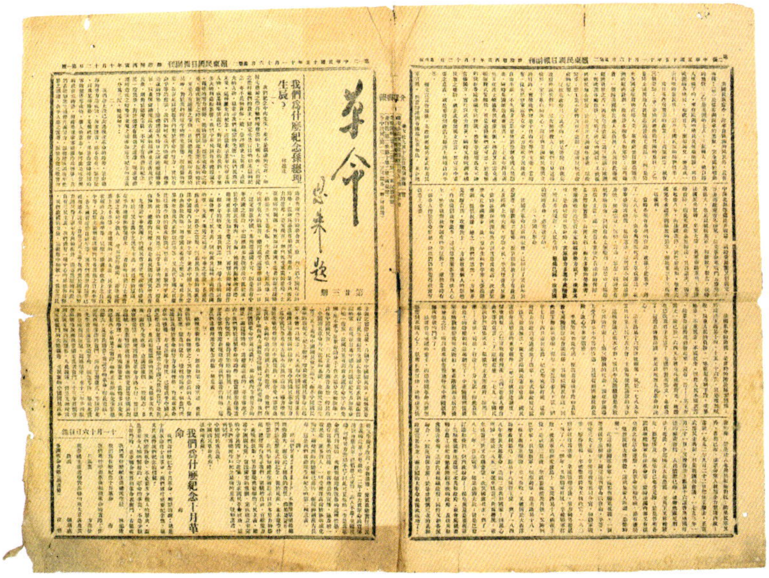

《革命》第二十三期

1926 年 11 月 16 日
纸
早期征集

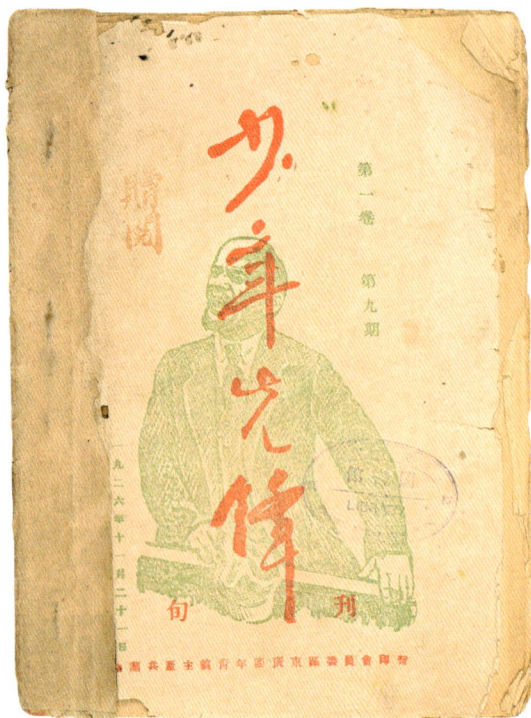

《少年先锋》旬刊第一卷第九期

1926 年 11 月 21 日
纸
早期征集

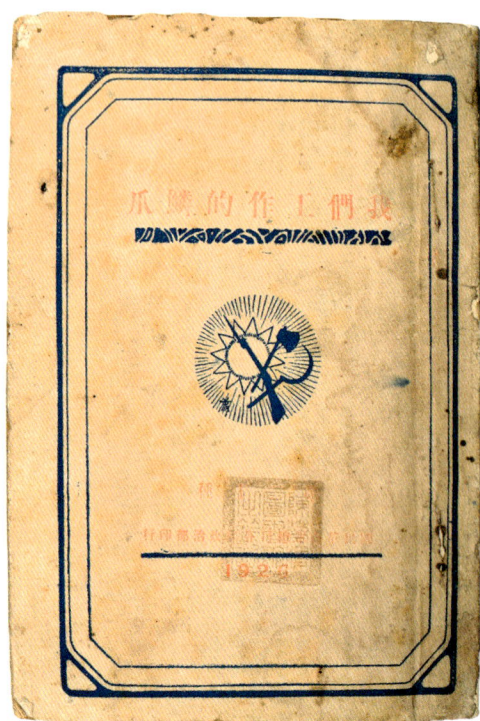

国民革命军总司令部政治部印行
《我们工作的鳞爪》

1926 年 11 月 24 日
纸
早期征集

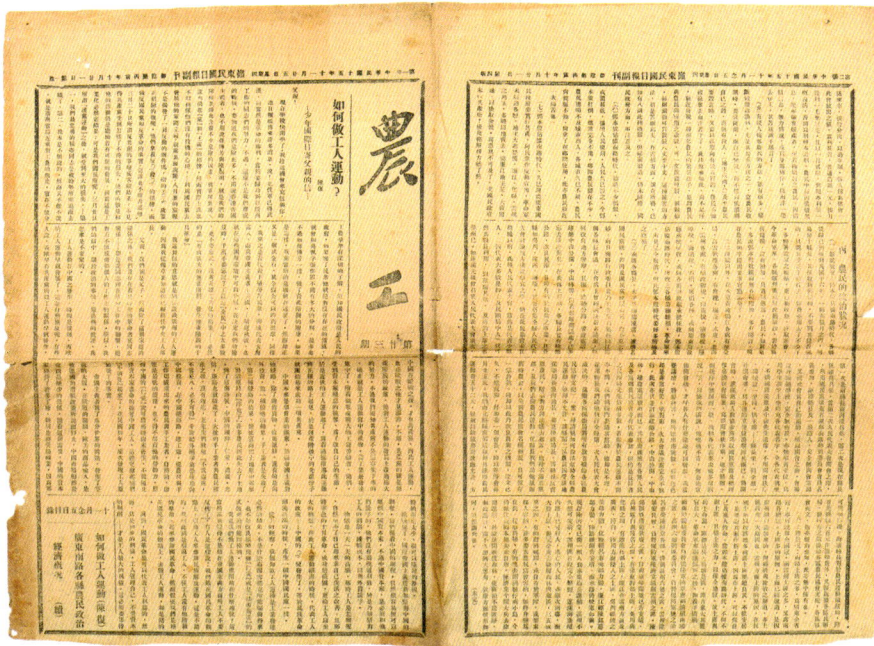

《农工》第二十三期

1926 年 11 月 25 日
纸
早期征集

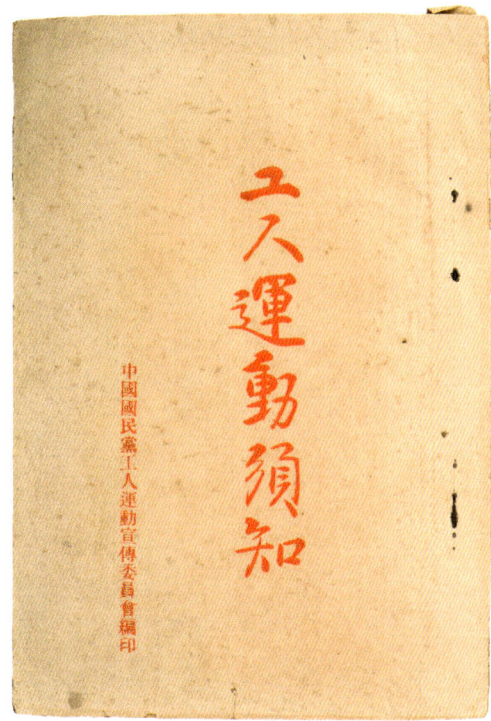

国民党工人运动宣传委员会编印
《工人运动须知》

1926 年 11 月 25 日
纸
早期征集

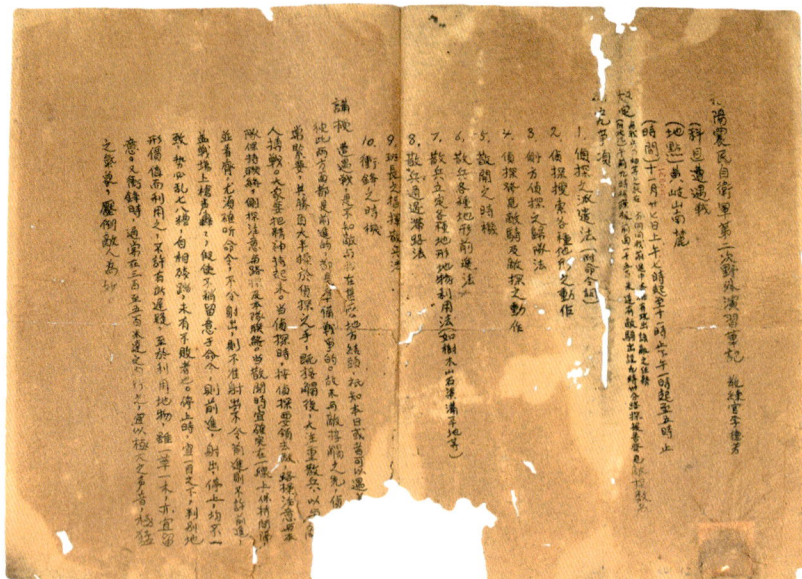

广东揭阳农民自卫军第二次野外演习笔记

1926 年 11 月 27 日
纸
早期征集

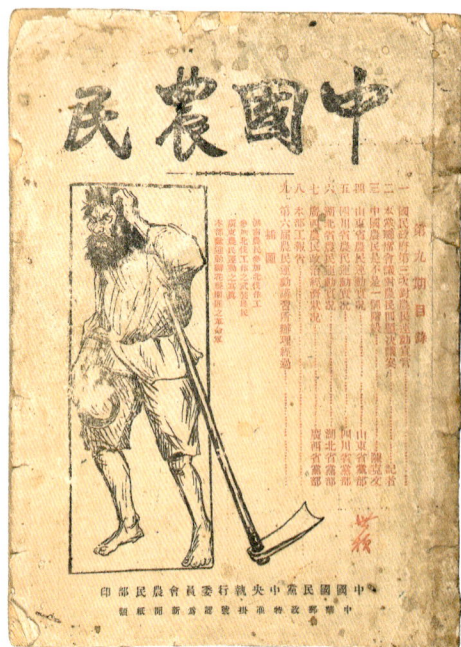

《中国农民》第九期

1926 年 11 月
纸
早期征集

政治講義第十種

社會科學概論

中央軍事政治學校政治部出版

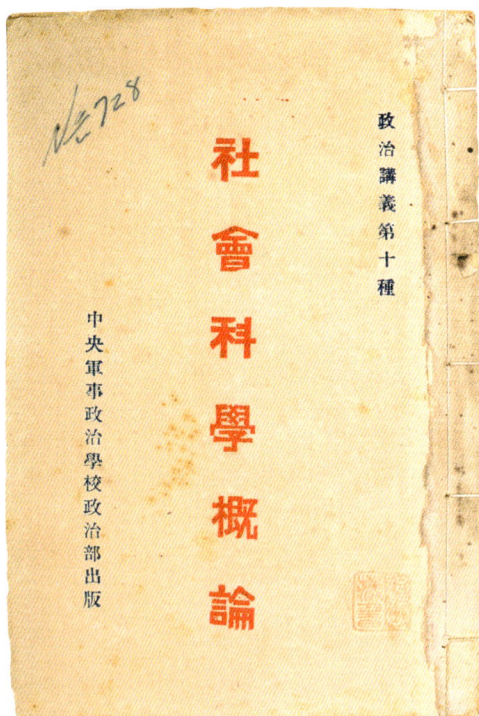

萧楚女著《社会科学概论》

1926 年 11 月
纸
早期征集

中華民國十五年十一月

第一卷第二期

澄中學生會出版

澄中學生

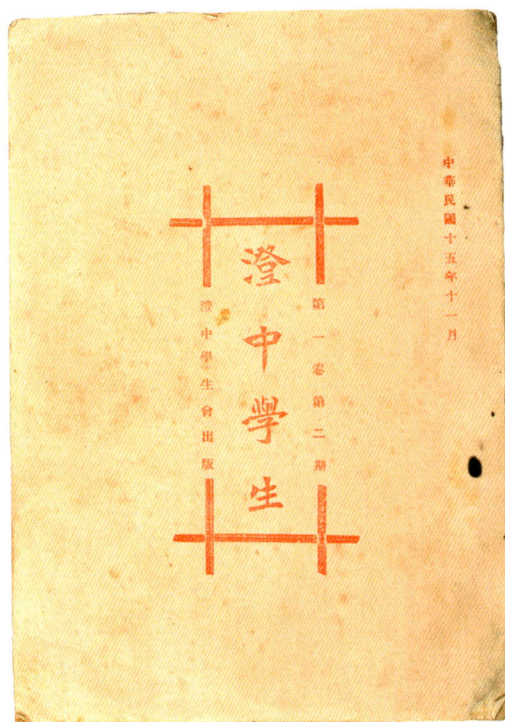

《澄中学生》第一卷第二期

1926 年 11 月
纸
早期征集

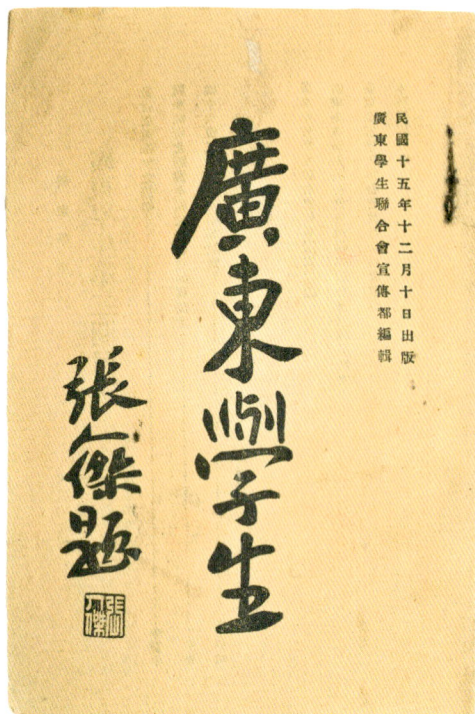

《广东学生》第二期

1926 年 12 月 10 日
纸
早期征集

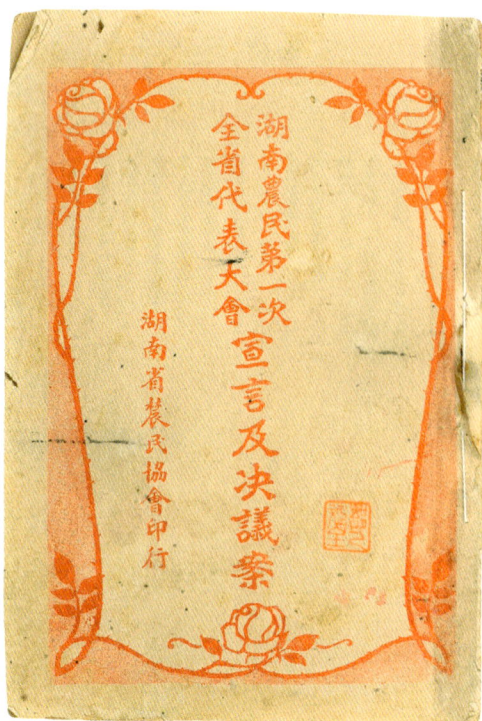

湖南省农民协会印行
《湖南农民第一次全省代表大会
宣言及决议案》

1926 年 12 月
纸
早期征集

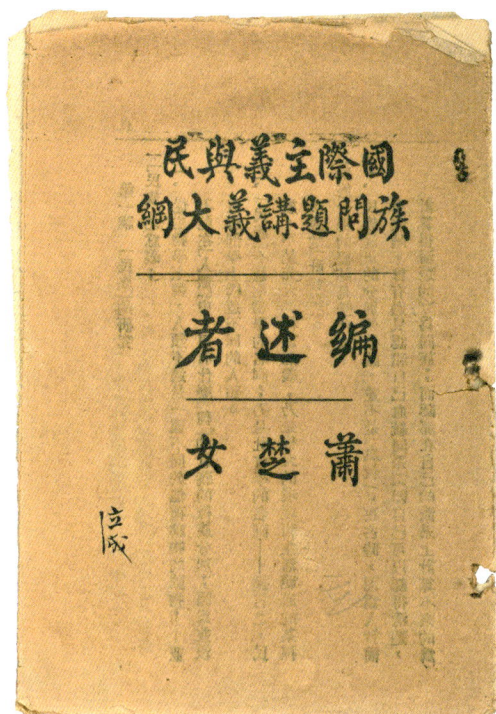

萧楚女编述《国际主义与民族问题讲义大纲》

1926 年
纸
早期征集

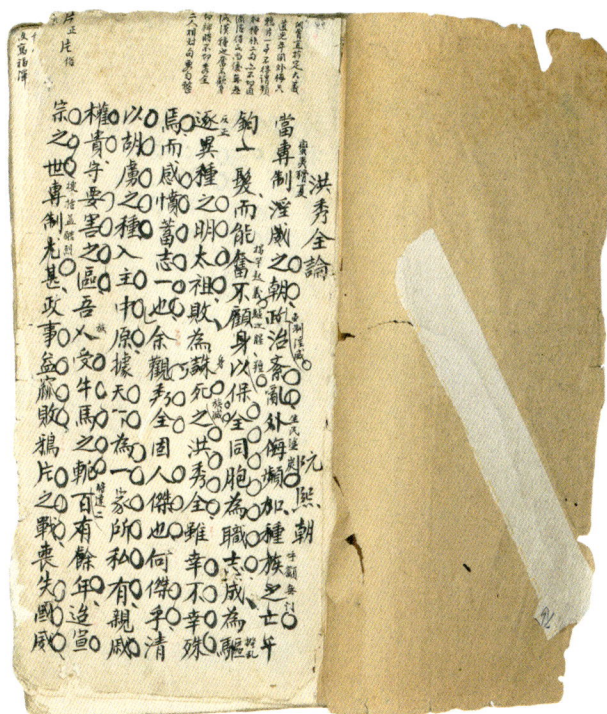

阮啸仙著《论说文集》

1926 年
纸
早期征集

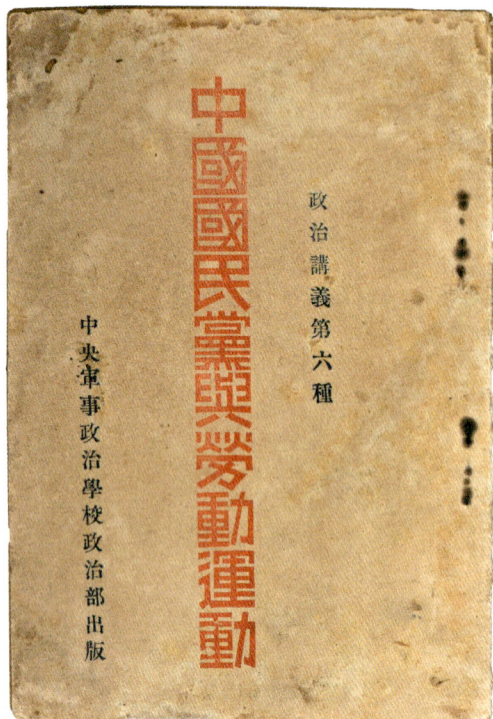

恽代英编纂《中国国民党与劳动运动》

1926 年
纸
移交

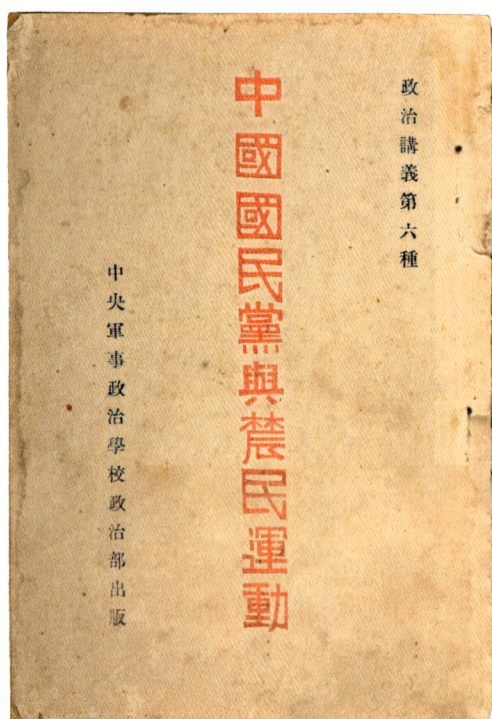

恽代英编纂《中国国民党与农民运动》

1926 年
纸
早期征集

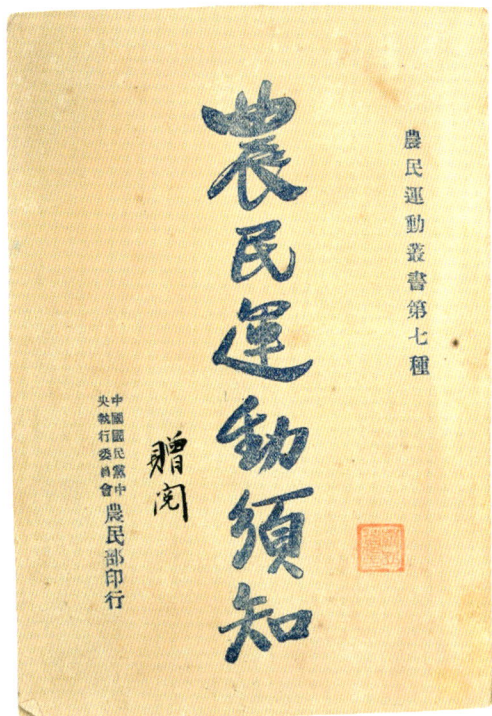

国民党中央执行委员会农民部印行
《农民运动须知》

1926 年
纸
罗以文捐赠

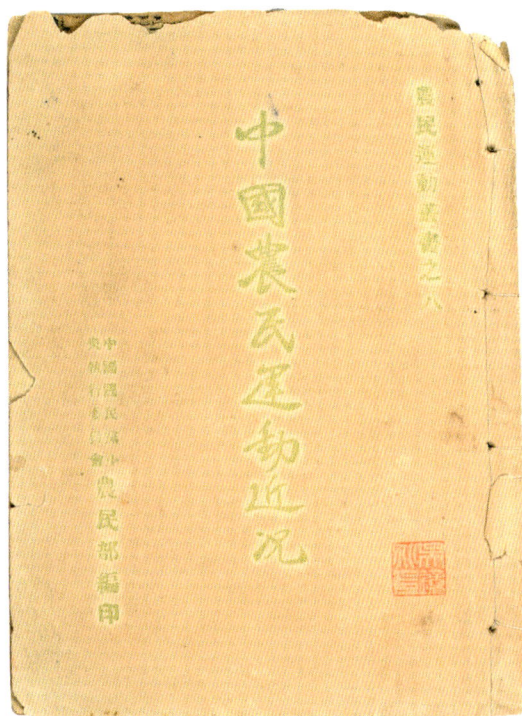

国民党中央执行委员会农民部编印
《中国农民运动近况》

1926 年
纸
早期征集

国民革命军总司令部政治部印行
《国民革命与农民》

1926 年
纸
罗以文捐赠

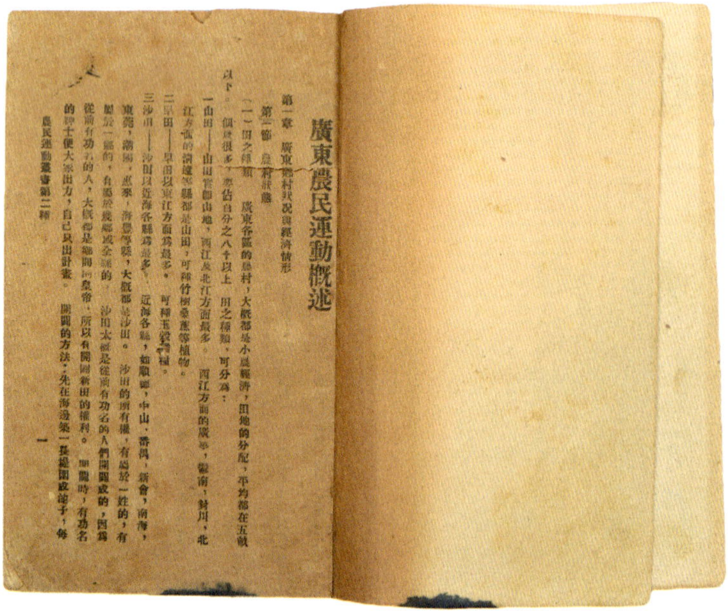

《广东农民运动概述》

1926 年
纸
早期征集

第六届农讲所学员用过的擦面牙粉袋

1926 年
纸
早期征集

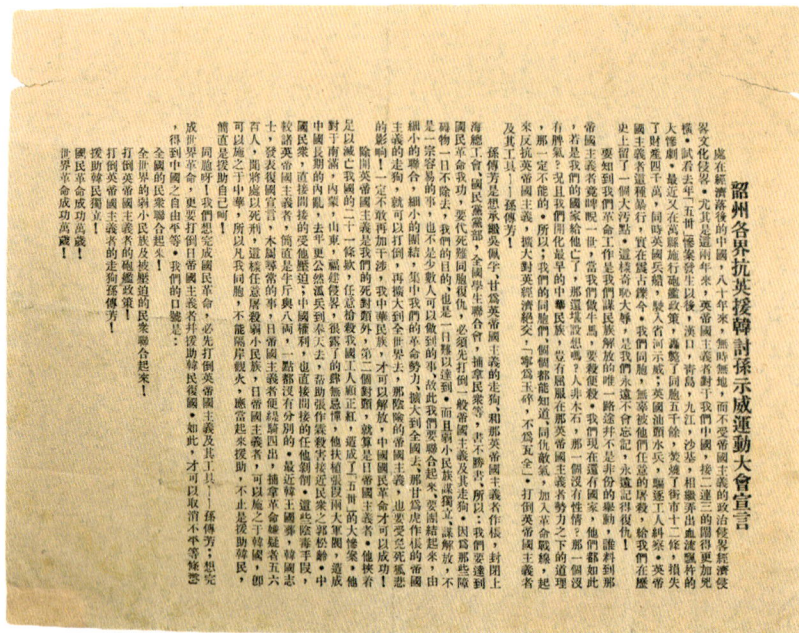

传单：《韶州各界抗英援韩讨孙示威运动大会宣言》

1926 年
纸
拨交

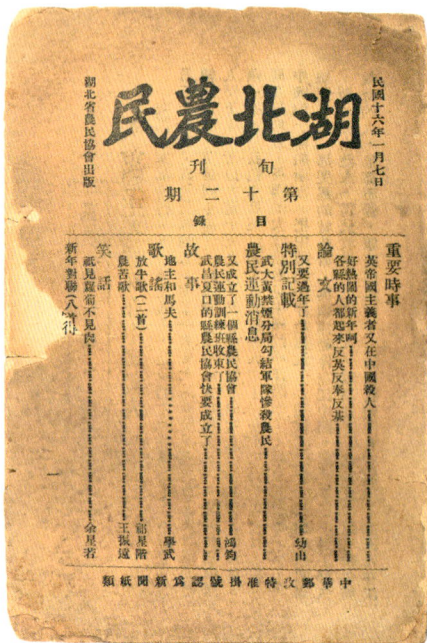

《湖北农民》旬刊第十二期

1927 年 1 月 7 日
纸
早期征集

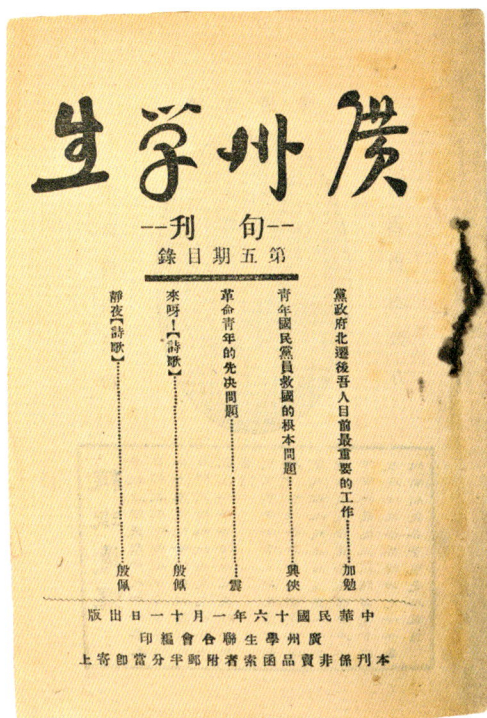

《广州学生》旬刊第五期

1927 年 1 月 11 日

纸

早期征集

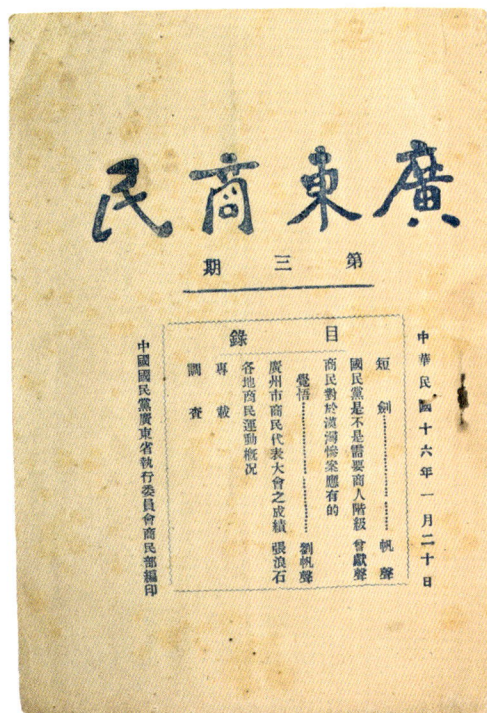

《广东商民》第三期

1927 年 1 月 20 日

纸

早期征集

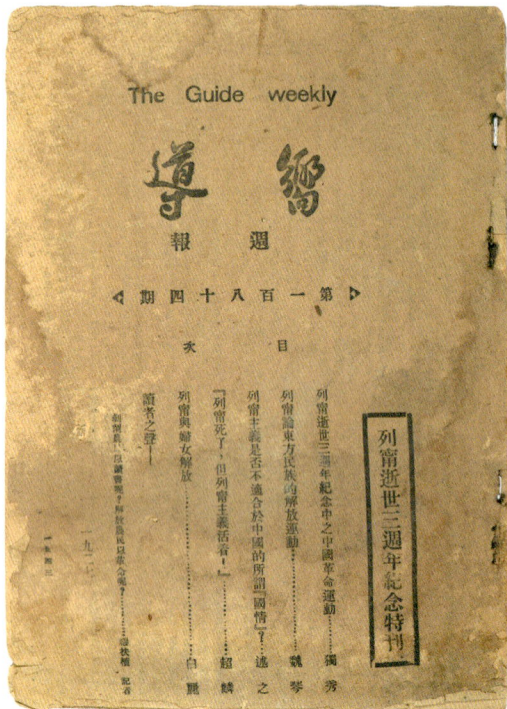

《向导》周报第一百八十四期

1927 年 1 月 21 日

纸

北京购买

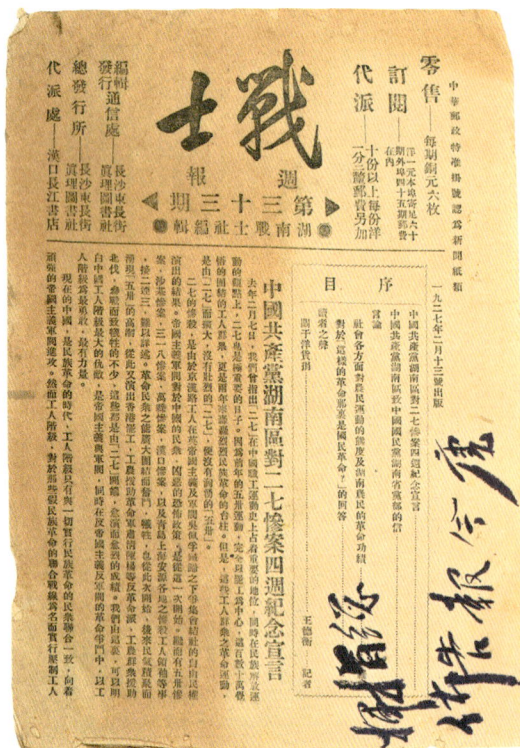

《战士》周报第三十三期

1927 年 2 月 13 日

纸

拨交

中華民國十六年二月

孫中山與列寧

廣東省黨部宣傳部印

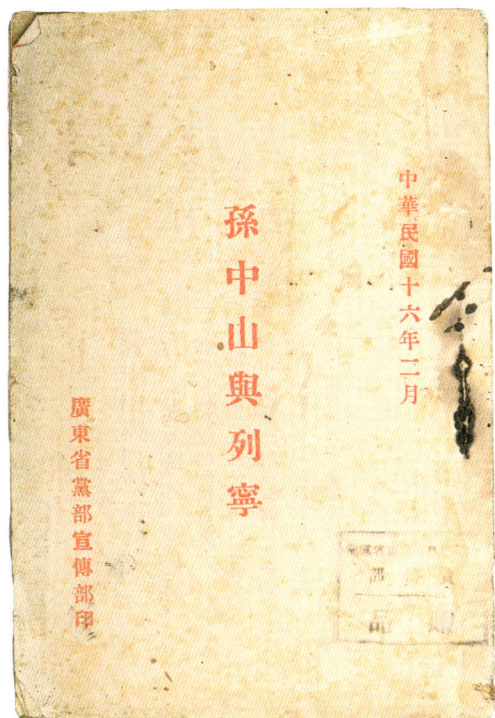

广东省党部宣传部印
《孙中山与列宁》

1927 年 2 月
纸
早期征集

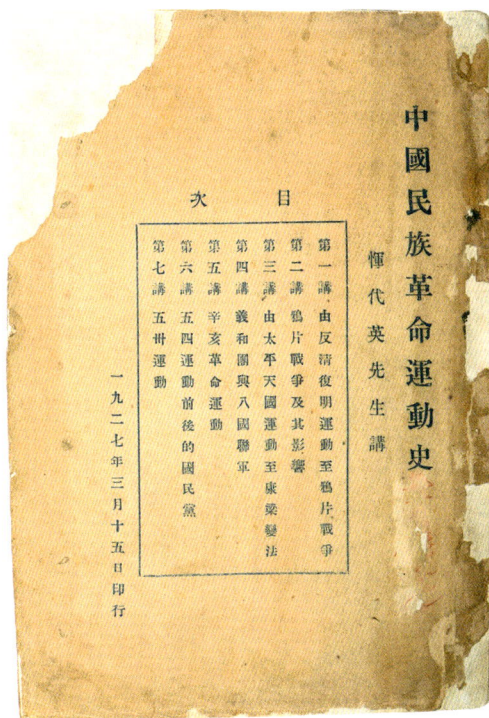

中國民族革命運動史

惲代英先生講

目　次

第一講　由反清復明運動至鴉片戰爭
第二講　鴉片戰爭及其影響
第三講　由太平天國運動至康梁變法
第四講　義和團與八國聯軍
第五講　辛亥革命運動
第六講　五四運動前後的國民黨
第七講　五卅運動

一九二七年三月十五日印行

《中国民族革命运动史》

1927 年 3 月 15 日
纸
早期征集

《河南全省武装农民代表大会宣言》

1927 年 3 月 20 日
纸
早期征集

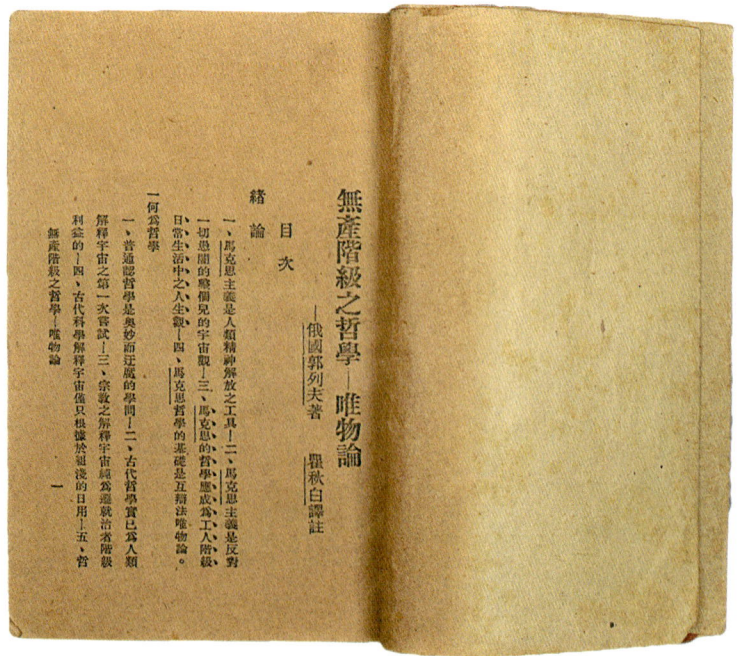

瞿秋白译《无产阶级之哲学——唯物论》

1927 年 3 月
纸
早期征集

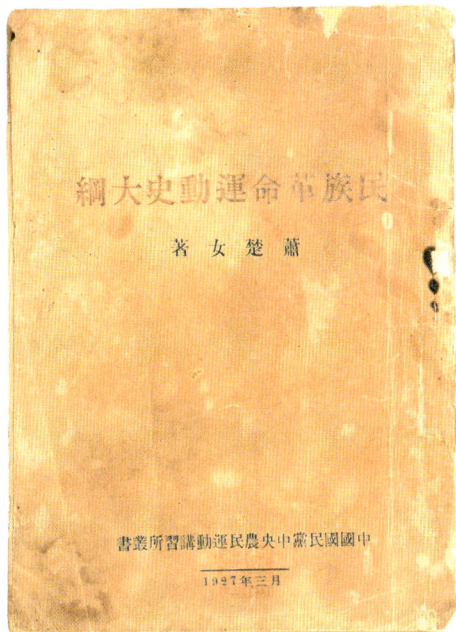

萧楚女著《民族革命运动史大纲》

1927 年 3 月

纸

早期征集

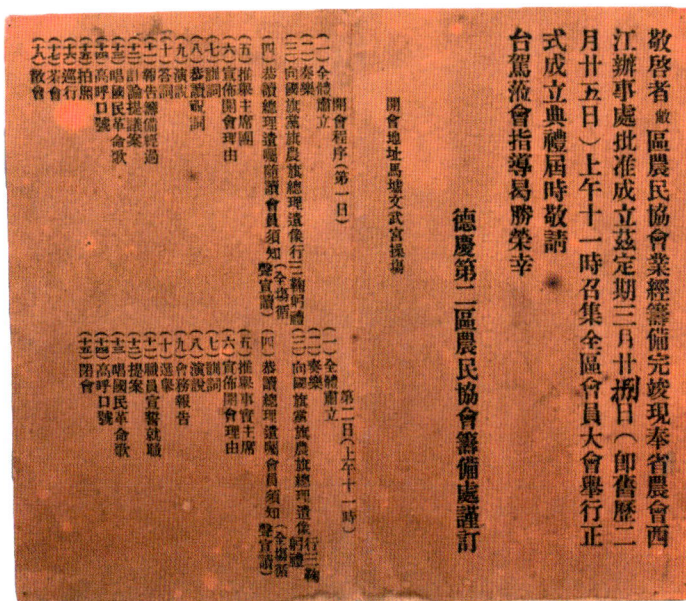

广东德庆县第二区农民协会成立请柬

1927 年 3 月

纸

早期征集

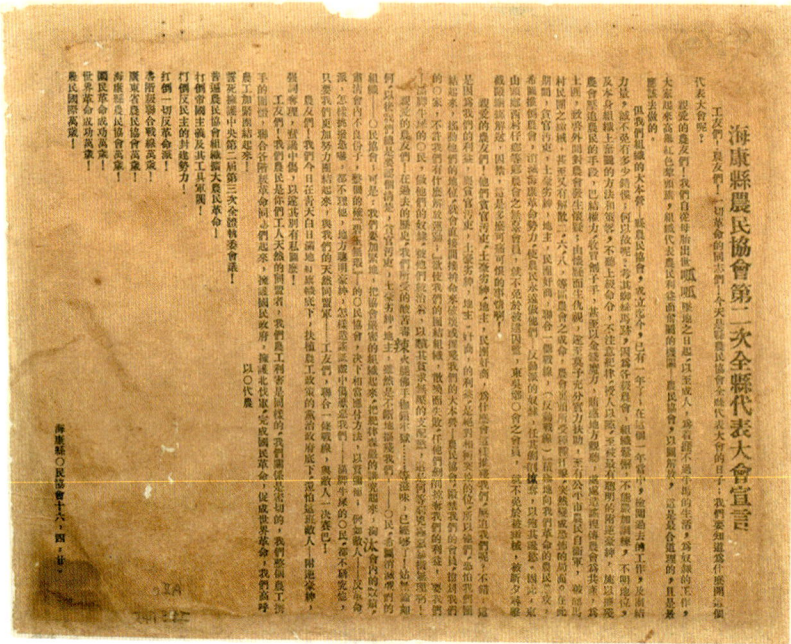

海康县农民协会传单：《海康县农民协会第二次全县代表大会宣言》

1927 年 4 月 21 日

纸

早期征集

国民党中央执行委员会农民部编印
《江西全省第一次农民代表大会宣言及决议案》

1927 年 5 月

纸

早期征集

附悼代英先生演講中國的革命運動

帝國主義問答

各省世界書局發行

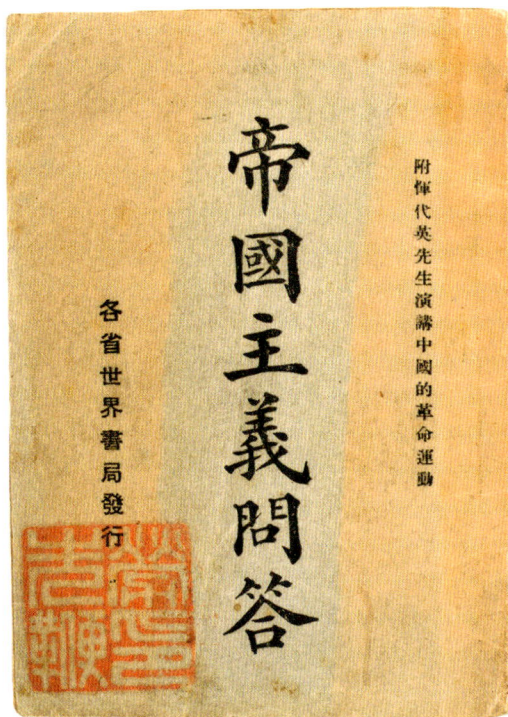

各省世界书局发行
《帝国主义问答》

1927 年
纸
拨交

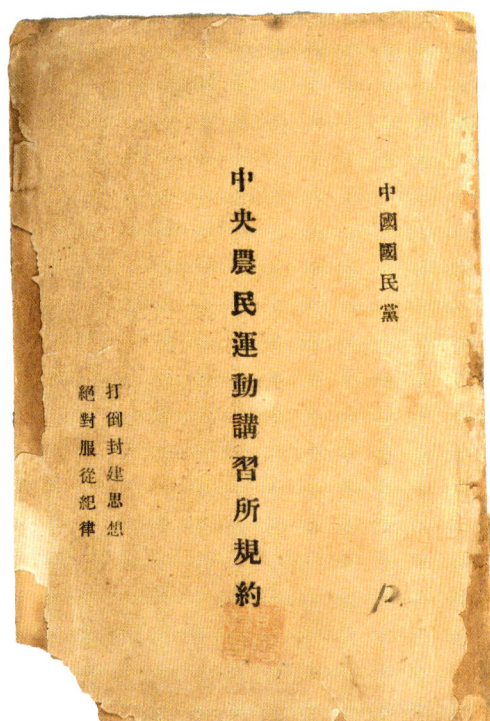

中國國民黨

中央農民運動講習所規約

打倒封建思想
絕對服從紀律

P.

《中央农民运动讲习所规约》

1927 年
纸
早期征集

潮梅海陆丰第一次农民代表大会筹备处设中山公署潮梅海陆丰第一次农民代表大会筹备处缄 内

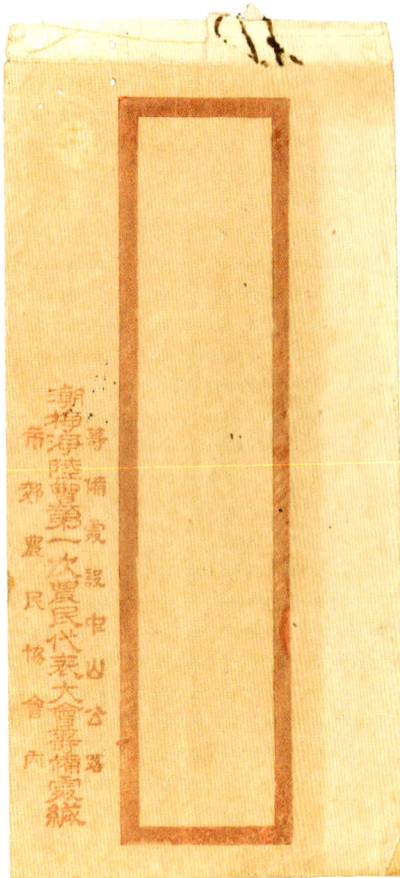

**潮梅海陆丰第一次农民代表大会
筹备处信封**

第一次国内革命战争时期
纸
早期征集

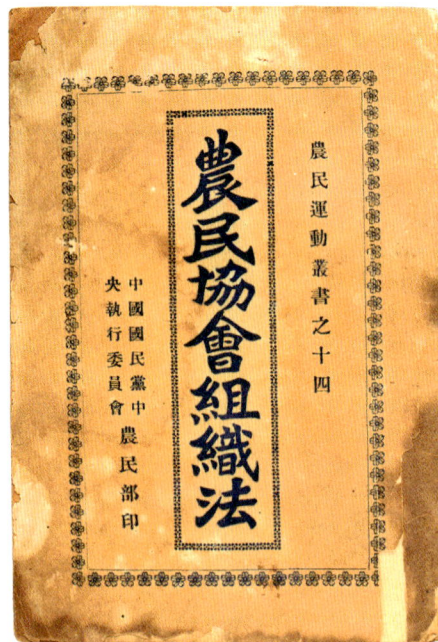

農民運動叢書之十四

農民協會組織法

中國國民黨中
央執行委員會農民部印

**国民党中央执行委员会农民部印
《农民协会组织法》**

第一次国内革命战争时期
纸
早期征集

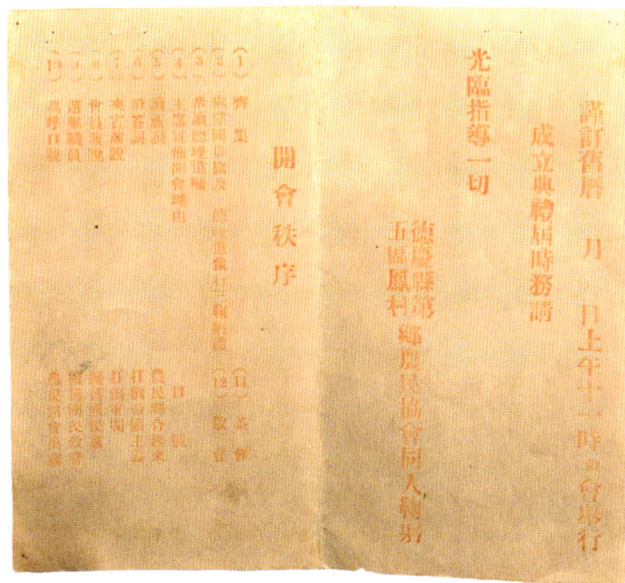

广东德庆县第五区凤村乡农民协会
成立请柬

第一次国内革命战争时期
纸
早期征集

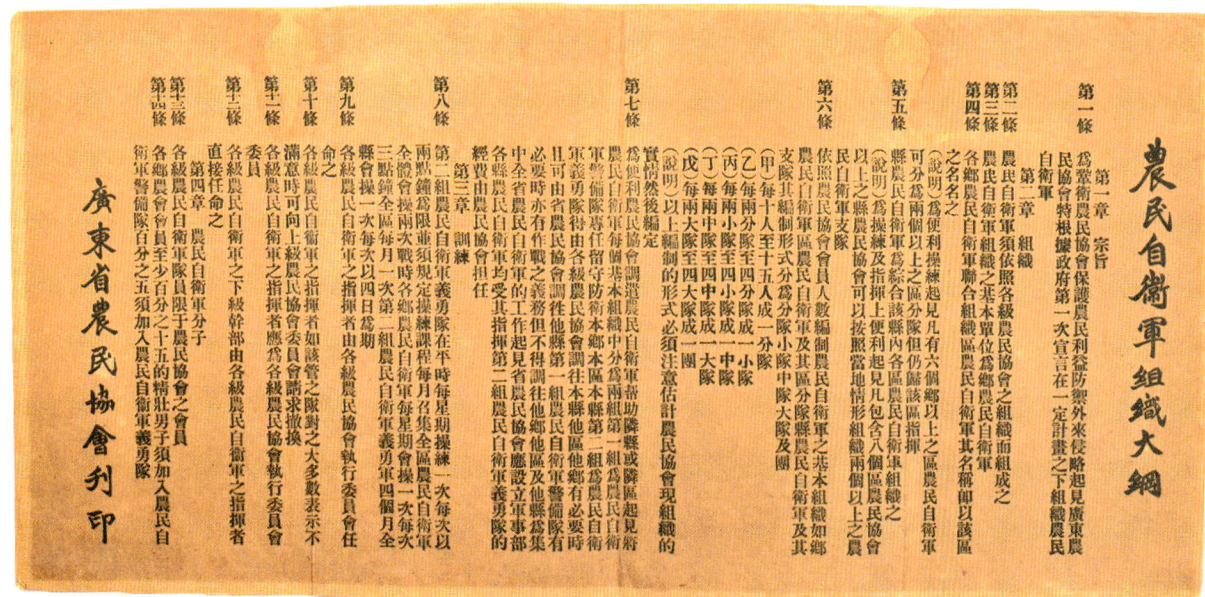

广东省农民协会刊印
《农民自卫军组织大纲》

第一次国内革命战争时期
纸
早期征集

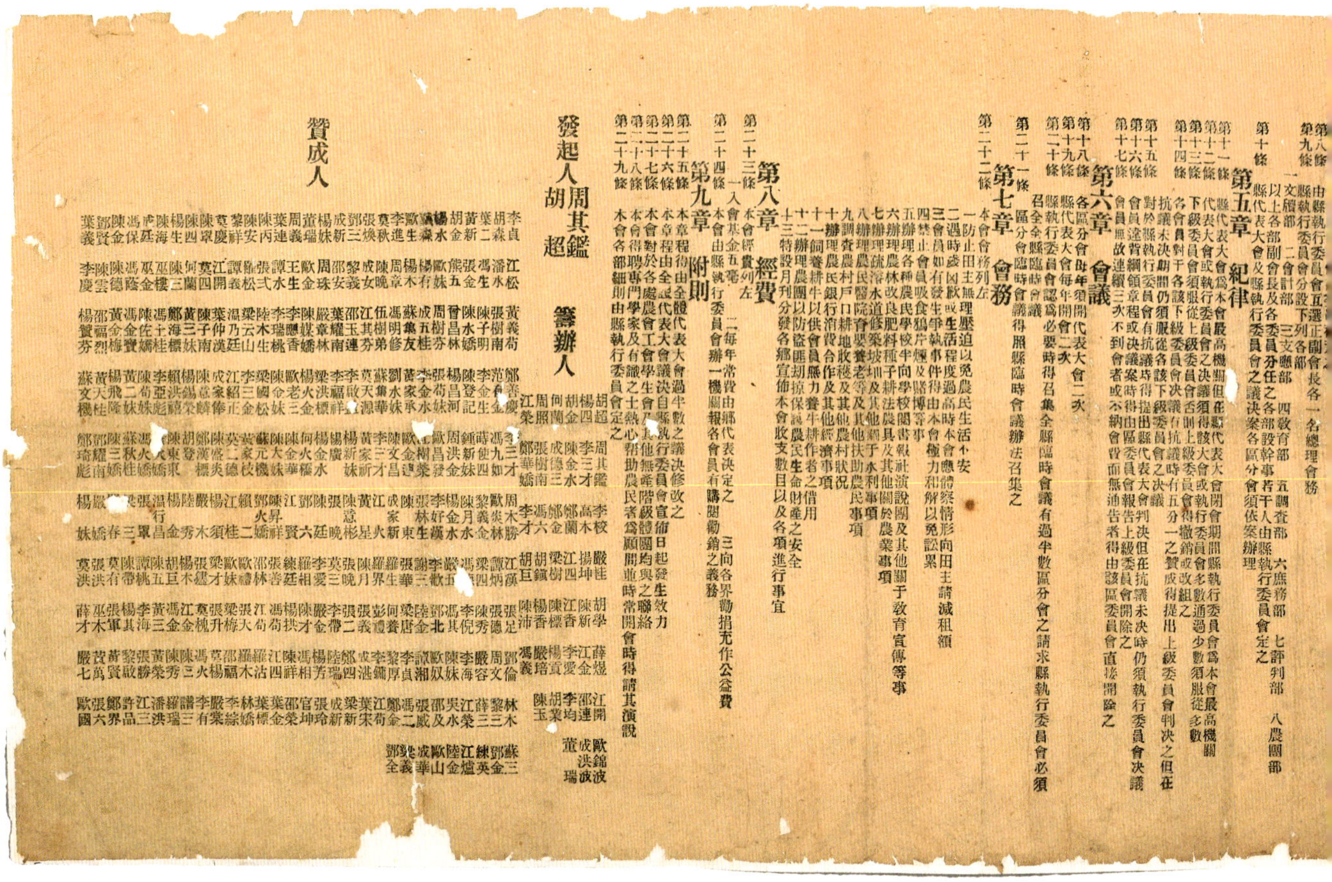

《广宁农会章程》

第一次国内革命战争时期

纸

拨交

廣寧農會章程

綱領

一謀農民利益之增進　二謀農民生活之改造　三謀農村自治之實現　四謀農民業務之發展　五謀農民教育之普及　六聯絡感情交換智識以增進團結之能力

第一章　會名

第一條　本會定名爲廣寧農會

第二章　會址

第二條　本會地址暫設江屯待各區分會成立再擇適宜地點

第三章　會員

第三條　本會會員分男女二類凡……

广宁农民协会会员入会表

第一次国内革命战争时期
纸
拨交

（广州）市郊第一区农民协会证明书

第一次国内革命战争时期
纸
早期征集

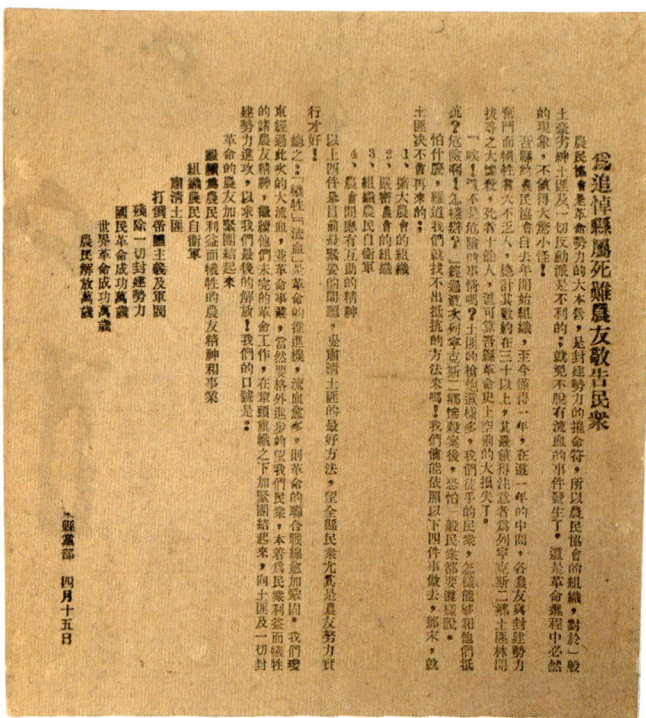

琼东县党部传单：
《为追悼县属死难农友敬告民众》

第一次国内革命战争时期
纸
拨交

張益謙收

慶祝曲江農工商學聯合委員會成立書

全民革命，改造中國：就是我們最親愛的農工商學各界應負的責任和使命，依附青天白日旗幟之下，是不能規避的。

我們中國社會的組織；完全是不能革除封建制度的陋習，因是，官僚，軍閥，土豪，劣紳，和洋鬼子的走狗買辦階級，洋奴式的教育界，互相勾結，將他們的勢力和金錢，左右社會，掠奪剝削，魚肉平民，弄成一個黑暗的社會，如不從根本上改造，怎能解除我們的痛苦咧！

我們農工商學各界聯合，做國民革命的工作，擁護國民政府的熱誠！是要本他良心的主張，你們的商人，你們的學界，要極端的反對帝國主義，和文化侵畧，和農工們站在一條戰線上；共同奮鬥，打倒一切不平等階級，才算眞正的聯合，是我婦女界很願意的希望呵！

我們婦女是普遍在農工商學各界的；今天聯合委員會成立，我們婦女界非常熱烈的慶祝！還望大家聯合起來，向反革命的戰線上進攻，就是將來的義務呵！並高呼：

農工商學聯合會萬歲！

中華革命成功萬歲！

國民政府萬歲！

韶州婦女解放協會

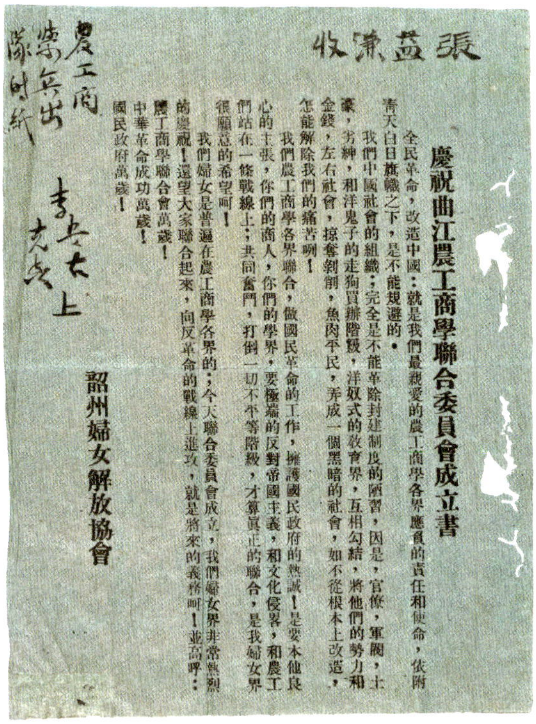

韶州妇女解放协会传单：
《庆祝曲江农工商学联合委员会成立书》

第一次国内革命战争时期

纸

拨交

敬祝農工商學聯合會曲江分會成立并敬告曲江民衆

國民革命軍第十六師政治部

益謙收啟

国民革命军第十六师政治部传单：
《敬祝农工商学联合会曲江分会成立并敬告曲江民众》

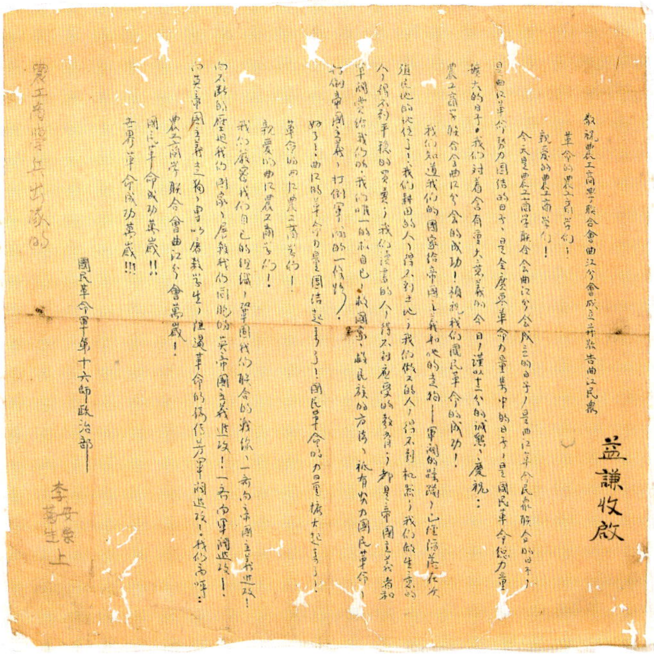

第一次国内革命战争时期

纸

拨交

問答
1、你服從本會一切命令唔
2、你遵守本會秘密唔
3、你擁護共產黨唔
4、你願犧牲個人一切唔
5、你有宗族觀念無
6、你有地方觀念無
7、你敢做敵人偵探唔
8、你敢責同志唔
9、全志有急難你盡力相救唔
10、在戰線上你敢臨陣退縮唔
11、你敢借公為私唔
12、你有家庭觀念無
13、你敢受敵人運動唔
14、本會命令你敢借故不執行唔

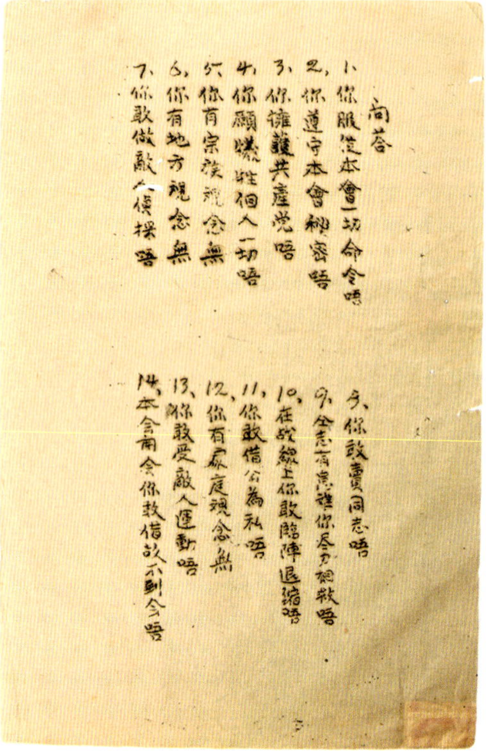

广东兴宁县农民协会入会问答题

第一次国内革命战争时期

纸

拨交

第一章 戰術之變遷

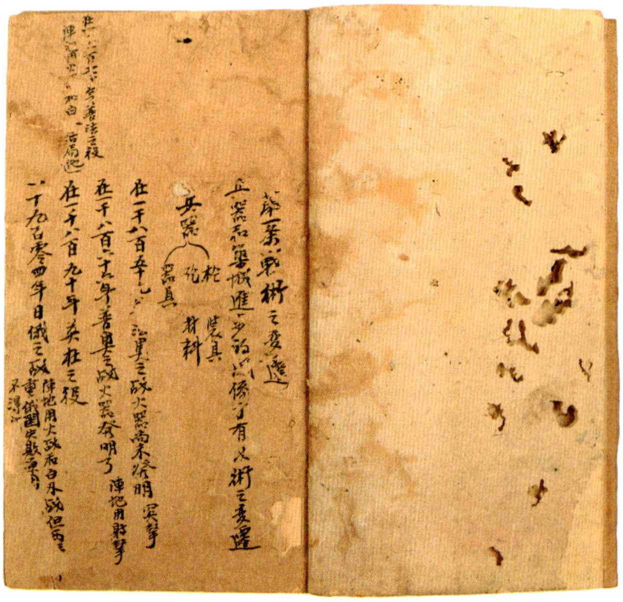

北江农军学校学员笔记

第一次国内革命战争时期

纸

早期征集

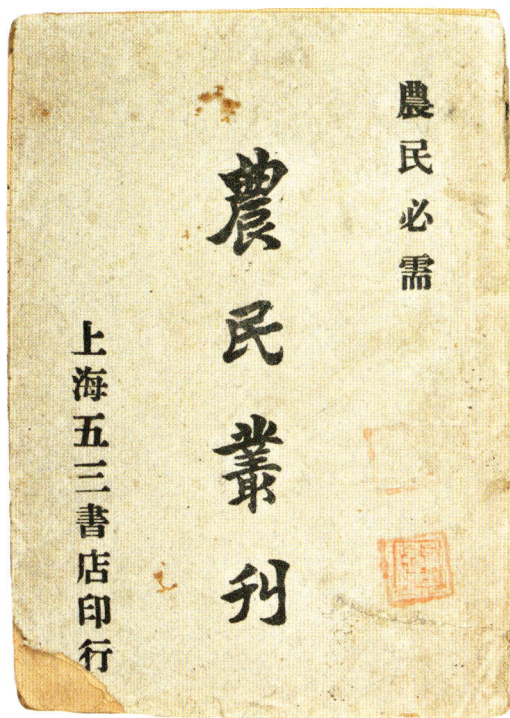

**上海五三书店印行
《农民丛刊》**

第一次国内革命战争时期
纸
早期征集

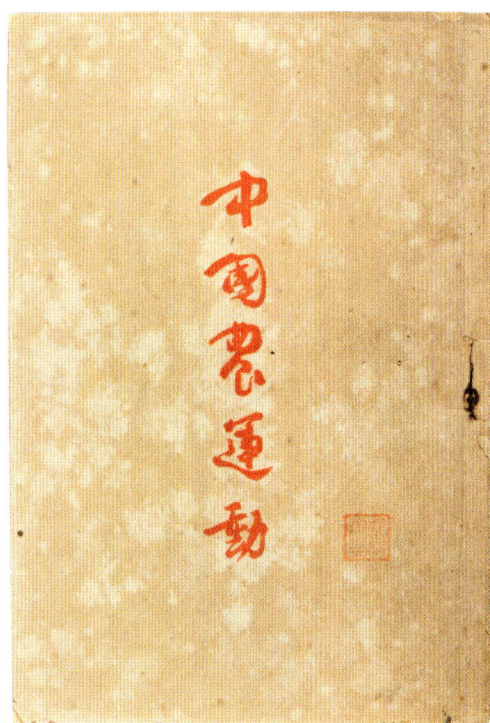

阮啸仙著《中国农运动》

第一次国内革命战争时期
纸
罗以文捐赠

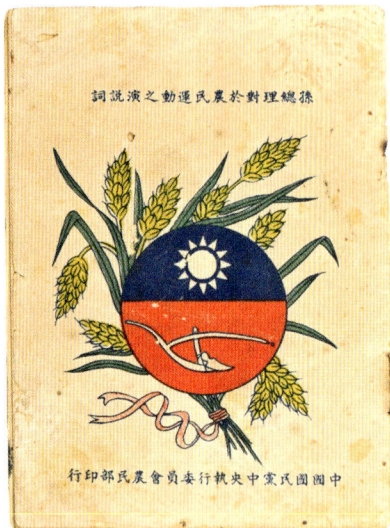

国民党中央执行委员会农民部印行
《孙总理对于农民运动之演说词》

第一次国内革命战争时期

纸

早期征集

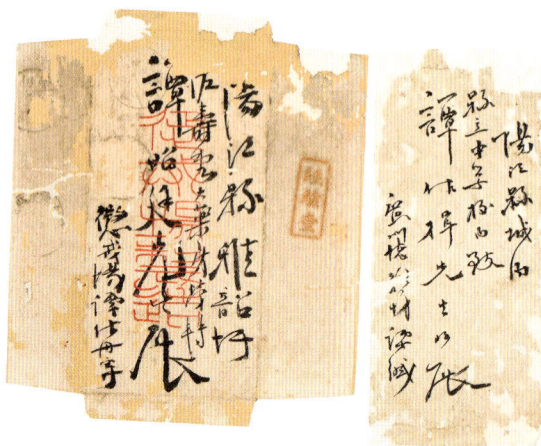

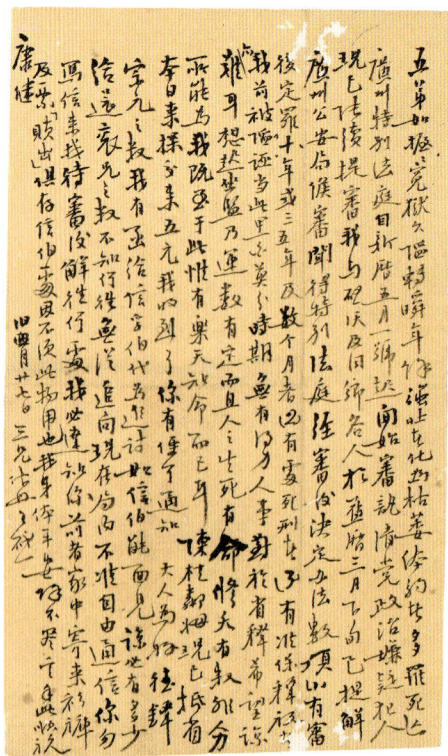

第五届农讲所学员谭作舟狱中家书（附信封）

1928 年 4 月 27 日

纸

谭作楫捐赠

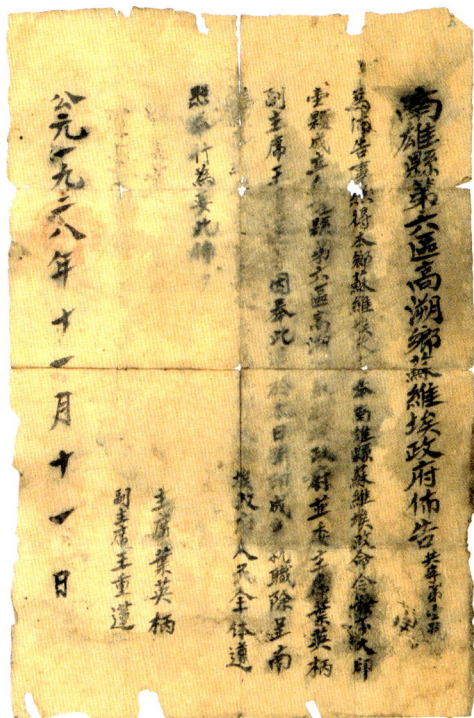

广东南雄县第六区高溯乡
苏维埃政府布告（第一号）

1928 年 11 月 11 日
纸
莫柄捐赠

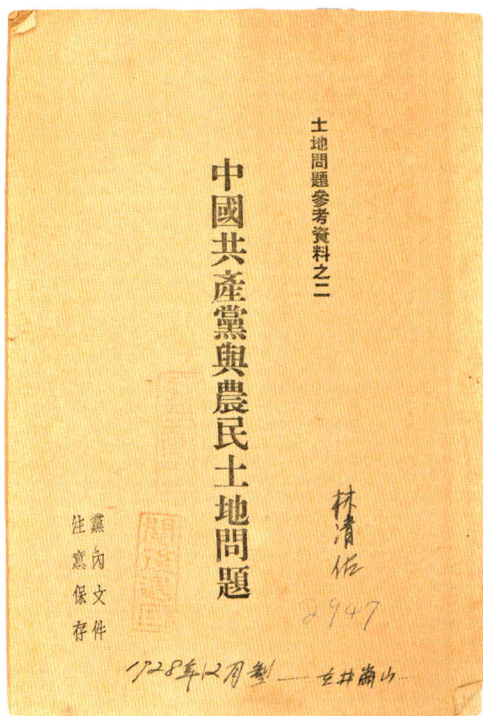

《中国共产党与农民土地问题》

1928 年 12 月
纸
早期征集

第六届农讲所学员梁业广读过的
《社会革命论》

1929 年 9 月 15 日
纸
梁永树捐赠

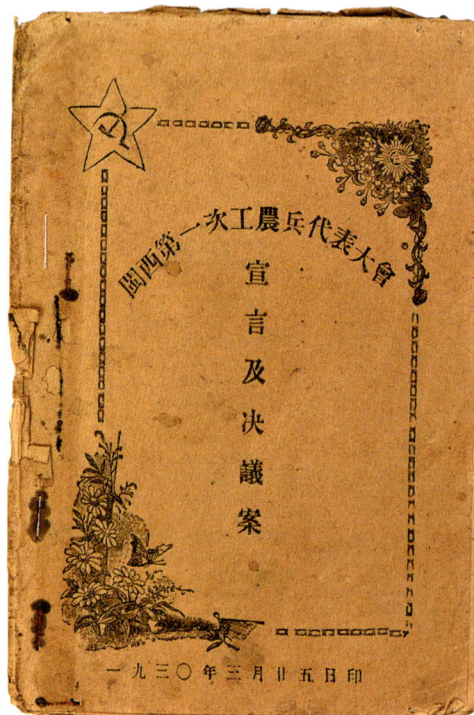

《闽西第一次工农兵代表大会宣言
及决议案》

1930 年 3 月 25 日
纸
拨交

中共苏区中央局宣传部印
《土地问题》

1932 年 10 月
纸
早期征集

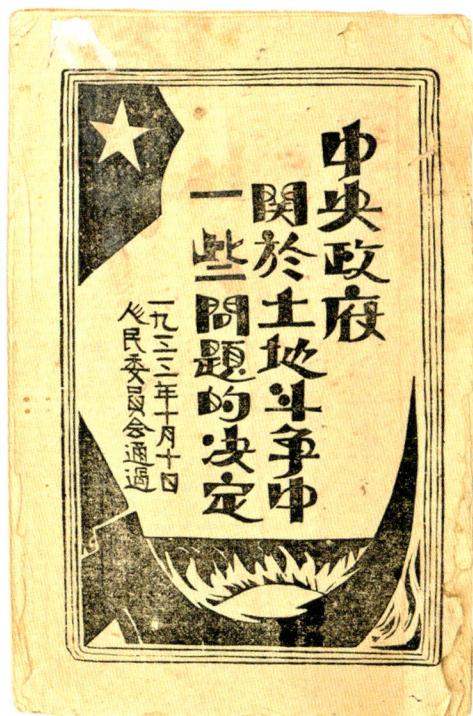

《中央政府关于土地斗争中一些问题的决定》

1933 年 10 月 10 日
纸
拨交

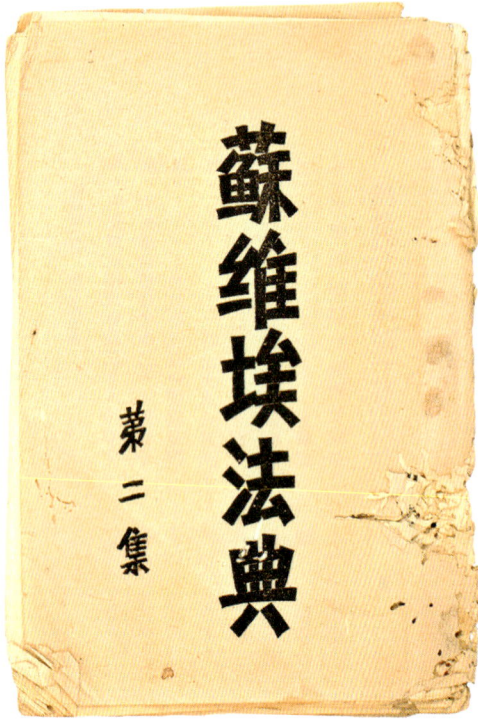

司法人民委员会编《苏维埃法典》(第二集)

1933 年 12 月 15 日
纸
早期征集

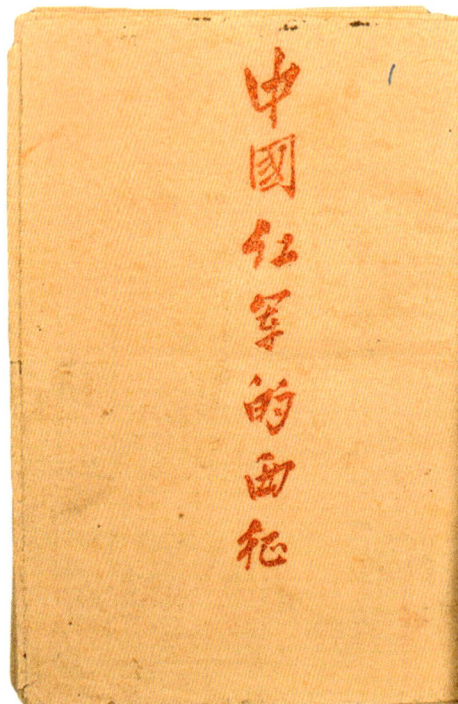

上海少年真理报社印
《中国红军的西征》

1935 年 12 月
纸
拨交

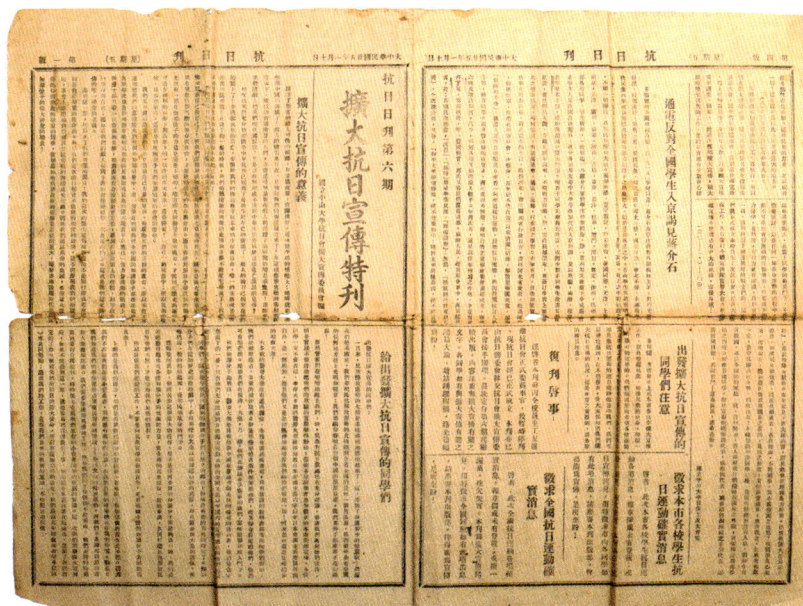

《抗日日刊》第六期《扩大抗日宣传特刊》

1936 年 1 月 10 日
纸
邓光民捐赠

米夫著《中国共产党英勇奋斗的十五年》

1936 年
纸
早期征集

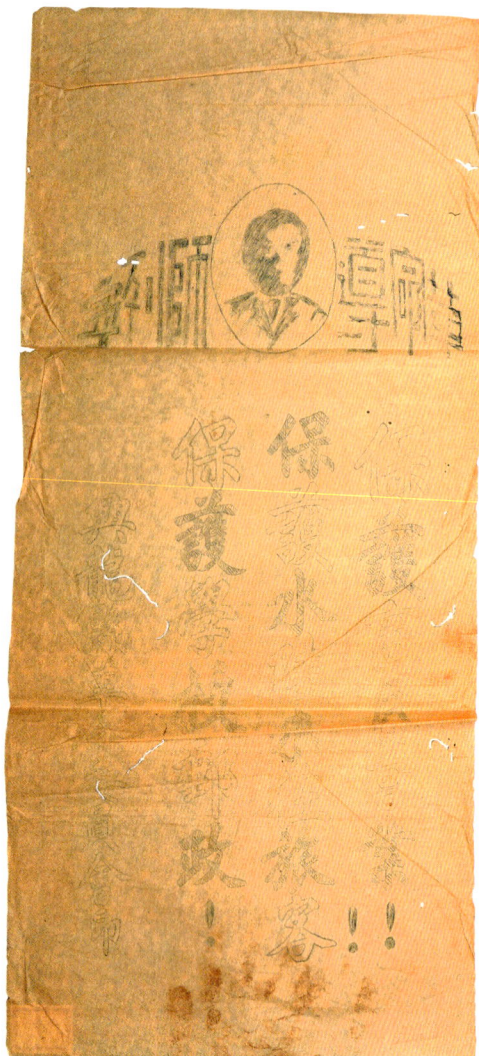

广东兴龙县革命委员会宣传标语

第二次国内革命战争时期
纸
移交

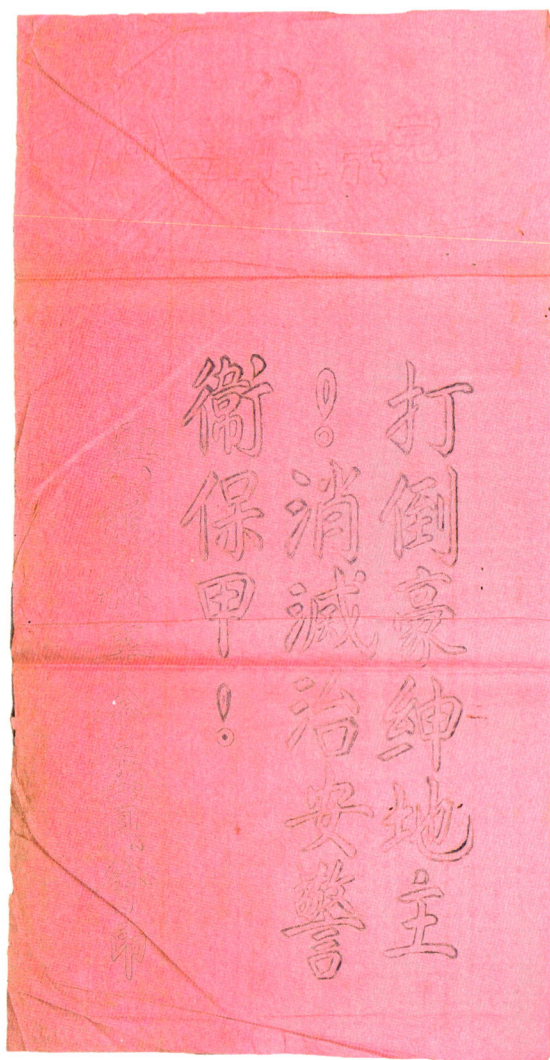

广东兴龙县革命委员会宣传标语

第二次国内革命战争时期
纸
移交

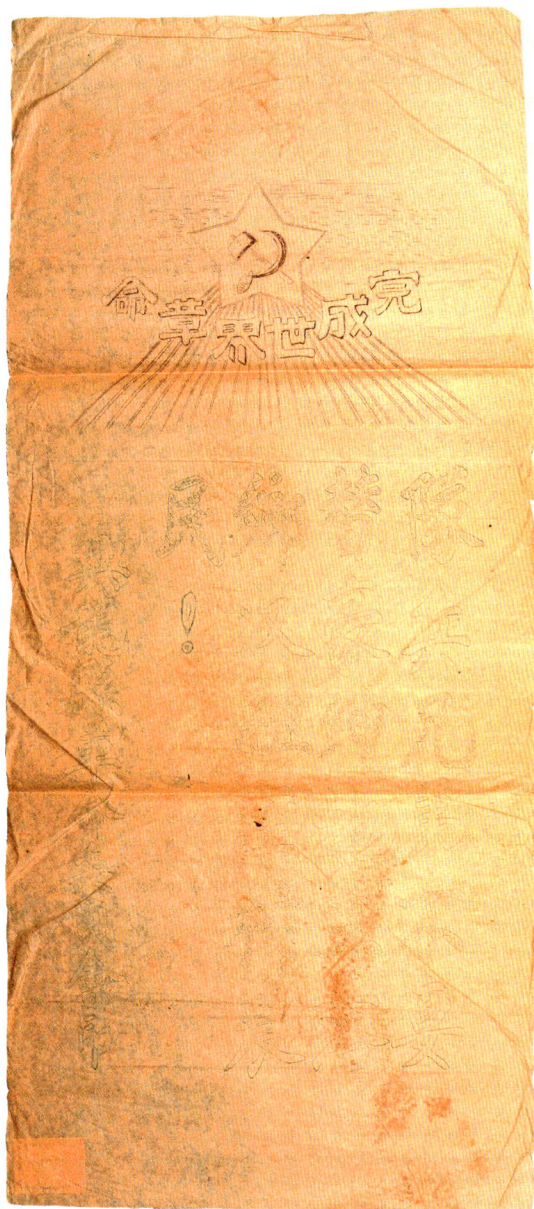

广东兴龙县革命委员会宣传标语

第二次国内革命战争时期

纸

移交

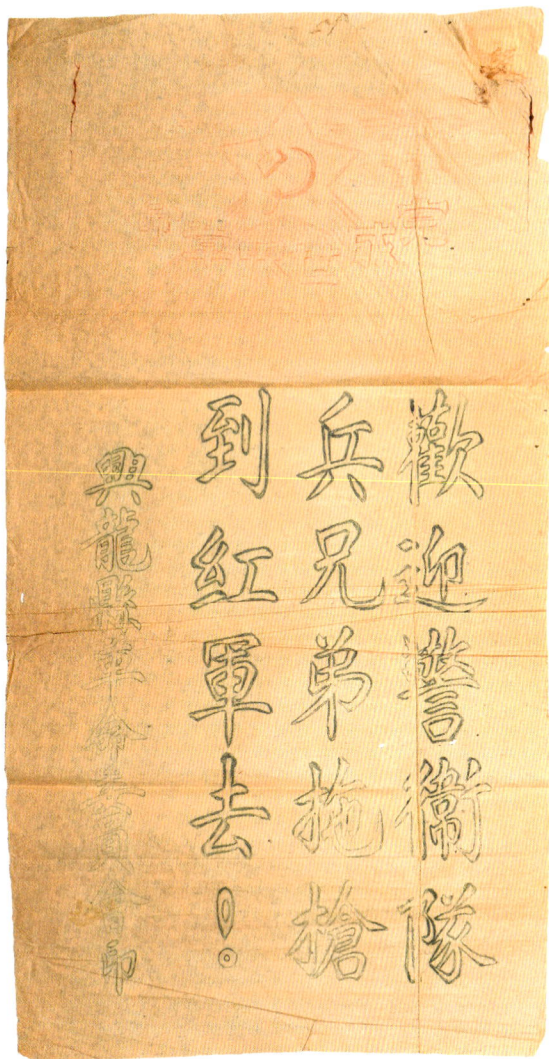

广东兴龙县革命委员会宣传标语

第二次国内革命战争时期
纸
移交

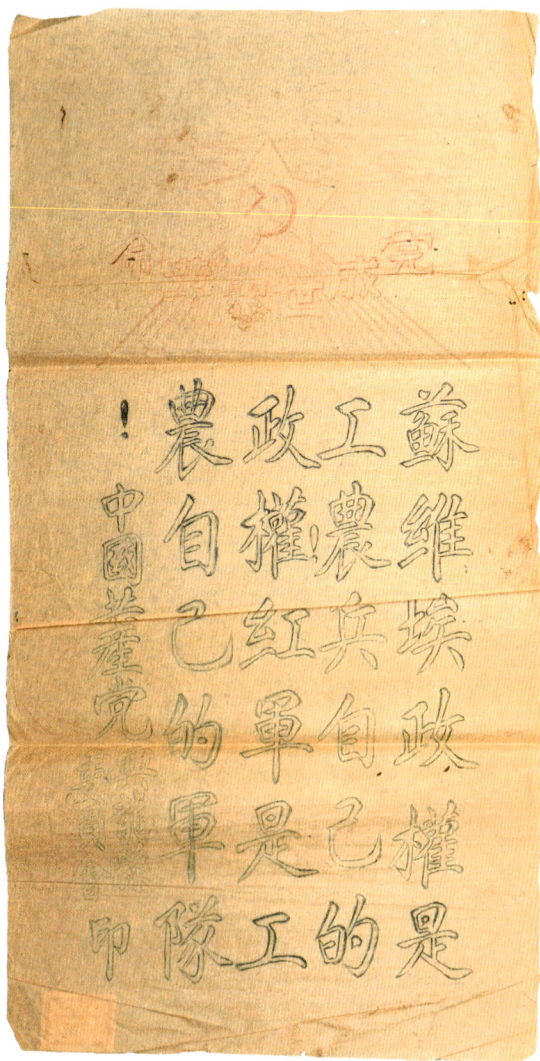

中国共产党兴龙县委员会宣传标语

第二次国内革命战争时期
纸
移交

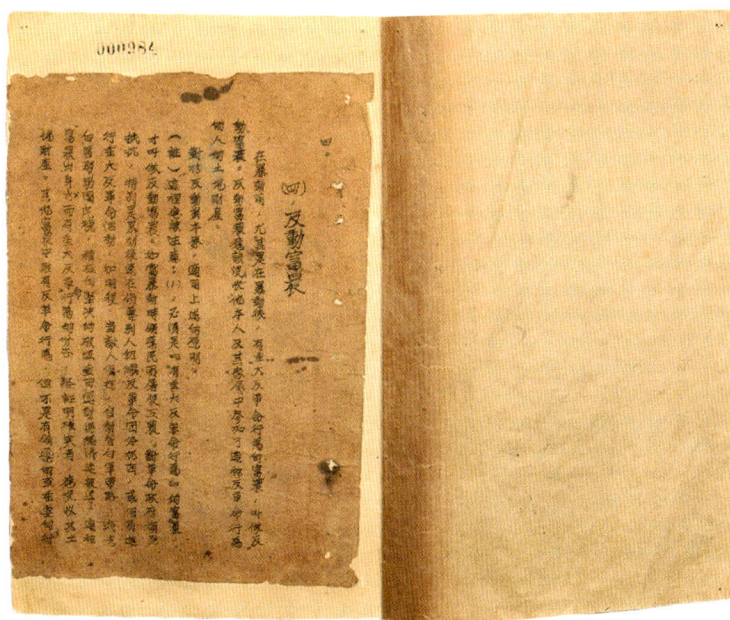

《土改法》

第二次国内革命战争时期
纸
早期征集

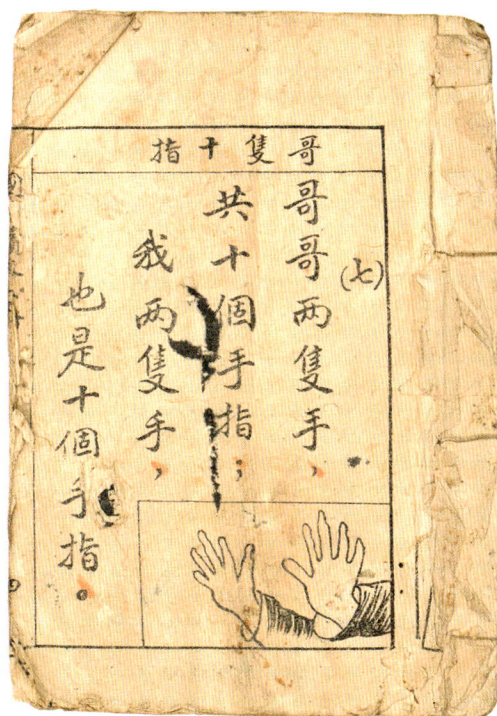

苏维埃政府《国语读本》

第二次国内革命战争时期
纸
拨交

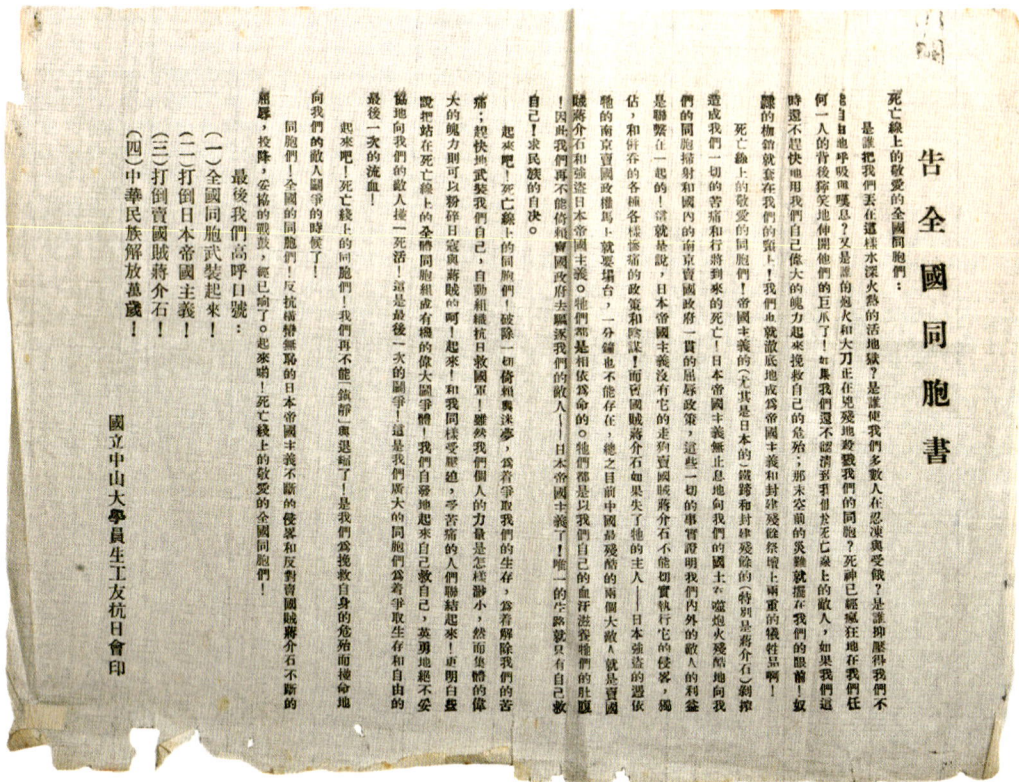

告全國同胞書

死亡線上的敬愛的全國同胞們：

是誰把我們丢在這樣水深火熱的活地獄？是誰抑壓著我們不讓我們喘息？又是誰的炮火和大刀正在兇殘地殺戮我們多數人在忍凍與受餓？死神已經瘋狂地存在我們這何一人的背後猙獰笑地伸開他們的巨爪了！如果我們還不認清著利是死亡線上的敵人，如果我們還不趕快用我們的魄力起來挽救自己的危殆，那末空前的災難就要擺在我們的眼前！奴隸的枷鎖就套在我們的頸上！我們也就徹底地成為帝國主義的祭壇，我們也就徹底地成為帝國主義的犧牲品啊！

死亡線上的敬愛的同胞們！帝國主義的（尤其是日本的）鐵蹄和封律殘餘的國土蹂躪地向我造成我們一切的苦痛和行將到來的死亡！日本帝國主義無止息地向我們的國內和國外的敵人一貫的屈辱政策，這些一切的事實證明我們內外的敵人的利盤是聯繫在一起的！這就是說，日本帝國主義沒有它的走狗賣國賊蔣介石不能切實執行它的侵略，獨佔，和併吞各種各樣痛痛的政策和陰謀！而賣國賊蔣介石如果失了牠的主人——日本強盜的遺依牠的南京賣國政權馬上，一分鐘也不能存在，絕是賣國賊蔣介石和強盜日本帝國主義，牠們都是相依為命的。牠們都是以我們自己的血汗浞浞雅們的肚皮！因此我們再不能倚賴賣國政府去驅逐我們的敵人——日本帝國主義了！唯一的出路就是有自己救自己！求民族的自決。

起來吧！死亡線上的同胞們！破除一切倚賴觀念，為著爭取我們自己的生存，為著解除我們的苦痛；趕快地武裝我們自己，自動組織抗日救國軍！雖然我們個人的力量是怎樣的渺小，然而集體的偉大的魄力則可以粉碎日寇與蔣賊的阿！起來！和我同樣受壓迫，亨苦痛的人們聯結起來！更明白愈起把站在死亡線上的全體同胞組成有機的偉大鬥爭體！我們自發地起來自己，英勇地趕不妥鞏地向我們的敵人接一死活！這是最後的關爭！這是我們廣大的同胞們為爭取生存和自由的最後一次的流血！

起來吧！死亡線上的同胞們！我們再不能鎮靜厲退縮了！是我們為挽救自身的危殆而接命地向我們的敵人關爭的時候了！反抗橫蠻無恥的日本帝國主義不斷的侵略和反對賣國賊蔣介石不斷的痛辱，投降，妥協的戰鼓，經已響了。起來喲！死亡線上的敬愛的全國同胞們！

最後我們高呼口號：

（一）全國同胞武裝起來！
（二）打倒日本帝國主義！
（三）打倒賣國賊蔣介石！
（四）中華民族解放萬歲！

國立中山大學員生工友抗日會印

国立中山大学员生工友抗日会传单：《告全国同胞书》

20 世纪 30 年代
纸
邓光民捐赠

《解放》周刊第一卷
第一期至第十期合订本

1937 年
纸
早期征集

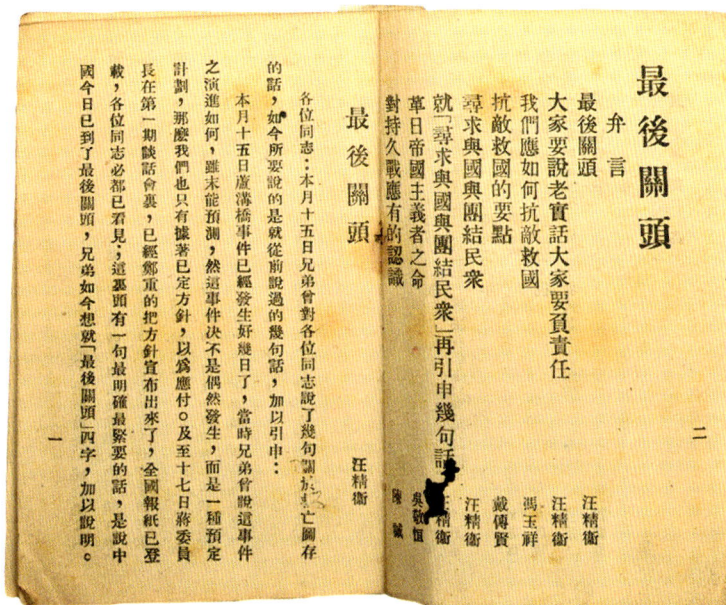

抗日救国小册子《最后关头》

1937 年
纸
移交

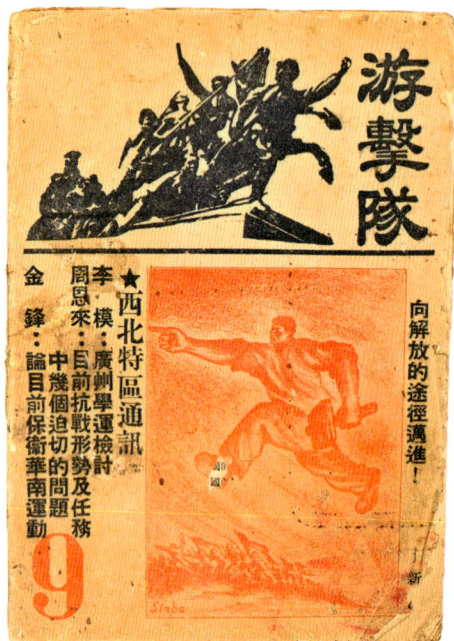

《游击队》第九期

1938 年 1 月 20 日
纸
早期征集

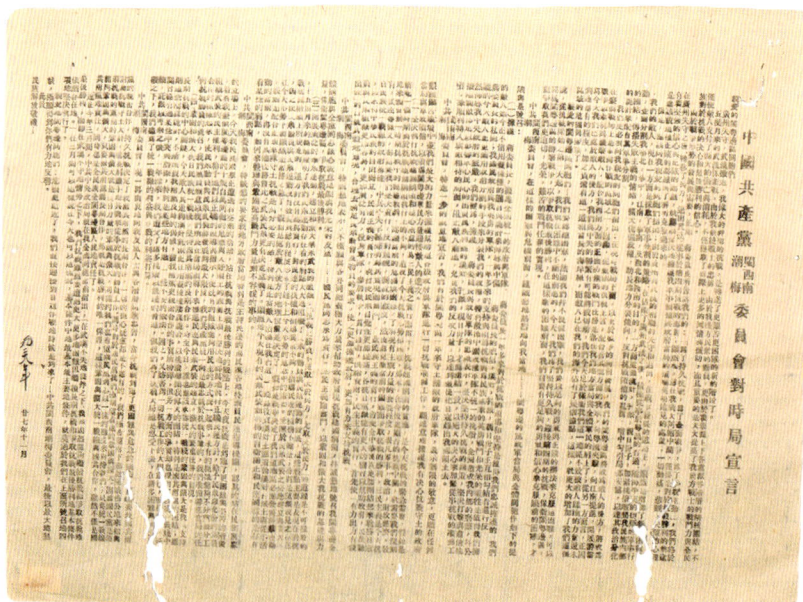

传单：《中国共产党闽西南、潮梅委员会对时局宣言》

1938 年 11 月
纸
拨交

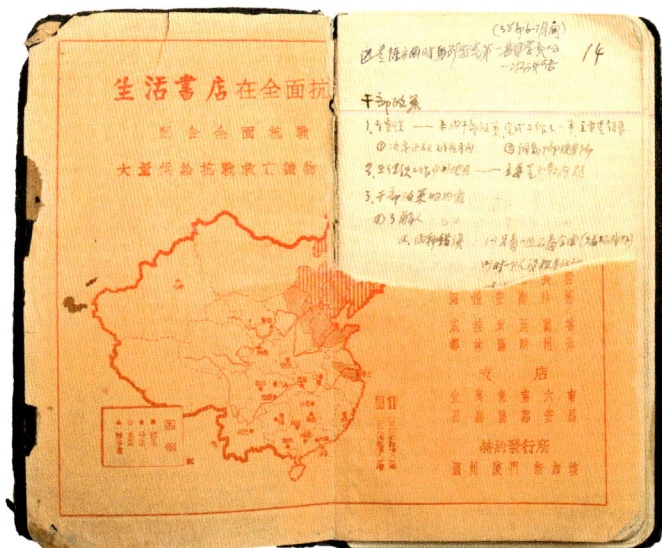

**第六届农讲所学员张明远
用过的笔记本**

1938 年
纸
张晓霁捐赠

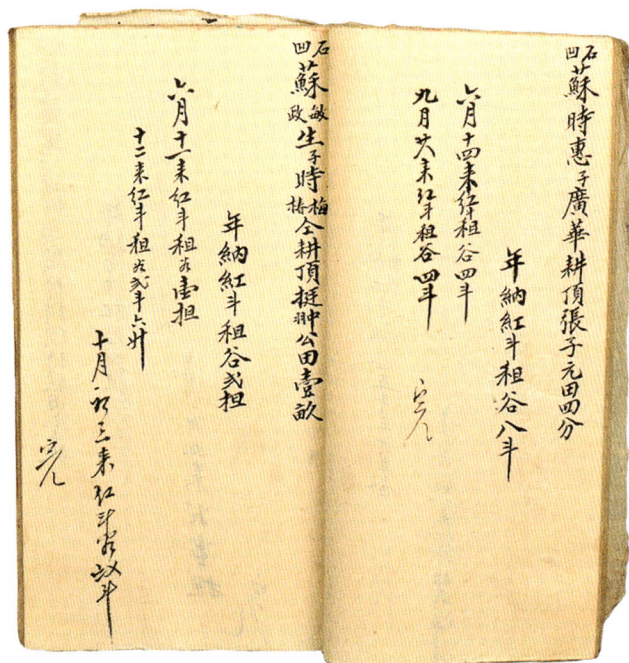

**广东云浮县长丰乡石凹村
官僚地主苏杰文剥削农民账簿**

1943 年
纸
移交

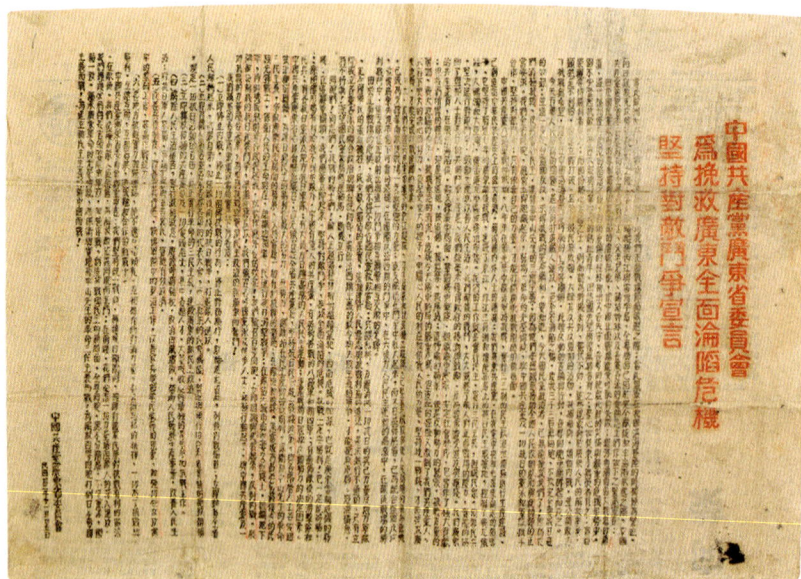

传单：《中国共产党广东省委员会为挽救
广东全面沦陷危机坚持对敌斗争宣言》

1944 年 11 月 25 日
纸
拨交

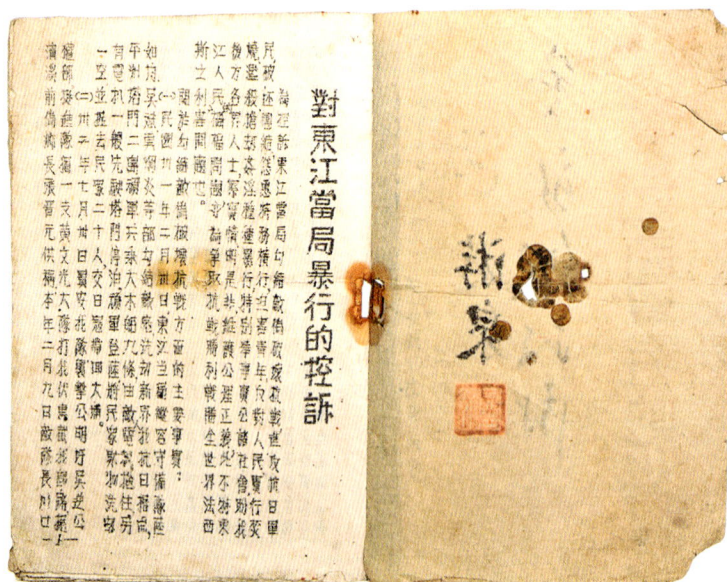

东江游击队印
《对东江当局暴行的控诉》

1945 年 1 月
纸
张道新捐赠

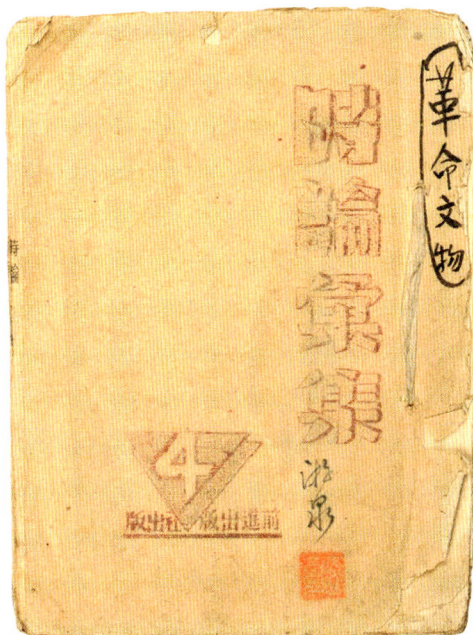

前进出版社出版
《时论汇集》第四集

1945 年 2 月 20 日
纸
张道新捐赠

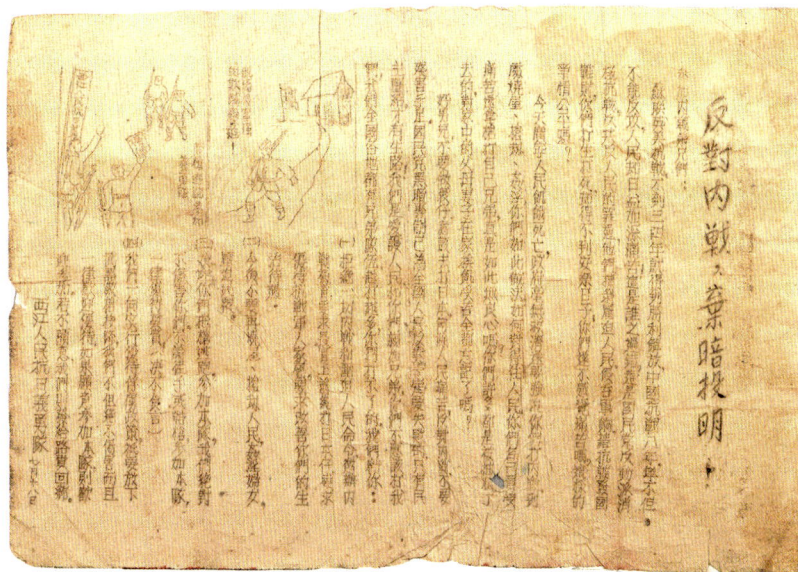

西江人民抗日义勇队传单：《反对内战　弃暗投明》

1945 年 7 月 18 日
纸
拨交

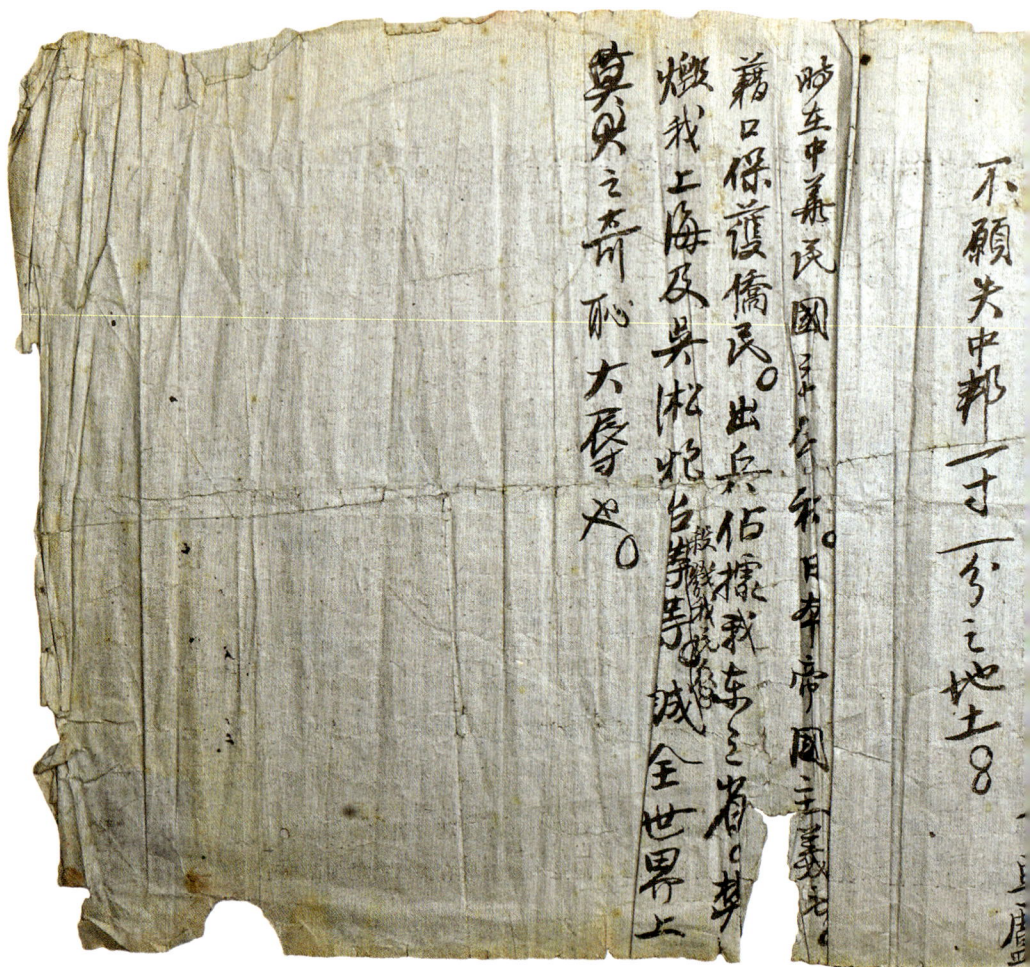

《抗日新歌》手稿

抗日战争时期
纸
邓光民捐赠

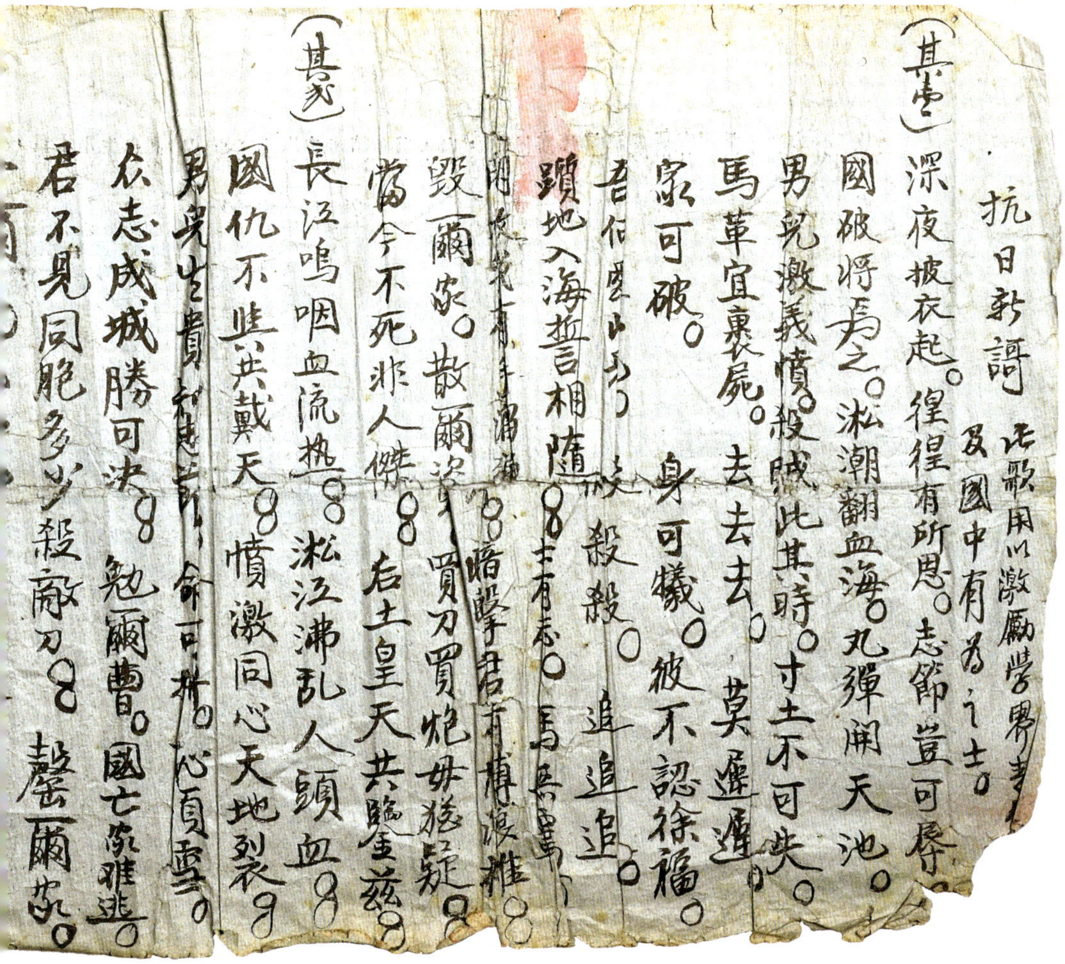

抗日新詞　<small>此歌用以激勵學界青年及國中有志之士。</small>

（其一）深夜披衣起。徨徨有所思。志節豈可辱。

國破將焉之。淞潮翻血海。丸彈闹天池。

男兒激義憤。殺賊此其時。寸土不可失。

馬革宜裹屍。去去莫遲遲。

家可破。身可犧。彼不認徐福。

君但覺山河。殺殺殺。追追追。吾兒馬兒馬。主有志。

頭顱入海誓相隨。

暗擊君奇莆渡維。

毀爾家。散爾妻。買刀買炮毋猶疑。

富今不死非人傑。右士皇天共鑒茲。

（其二）長江鳴咽血流热。淞江沸乱人頭血。

國仇不共戴天。憤激同心天地裂。

男兒七尺軀。命可拼。心頁雪。

依志成城勝可决。勉爾曹。國亡家雖逃。

君不見同胞多少殺敵刀。鏊爾家。

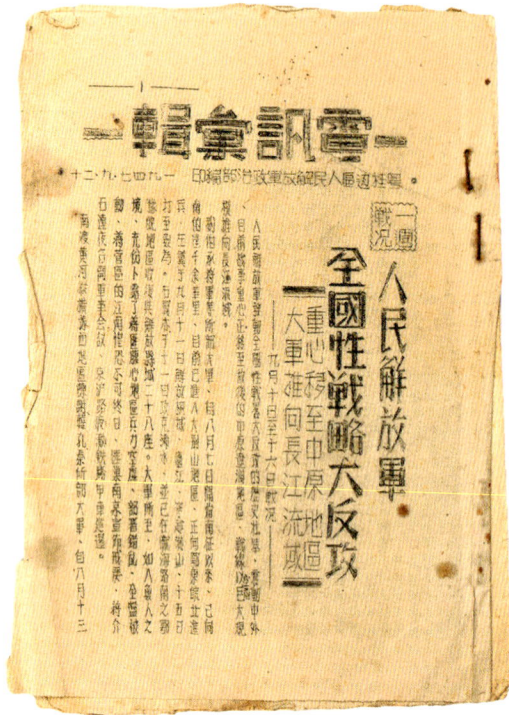

粤桂边区人民解放军政治部电讯汇辑
《人民解放军全国性战略大反攻》

1947 年 9 月 20 日
纸
拨交

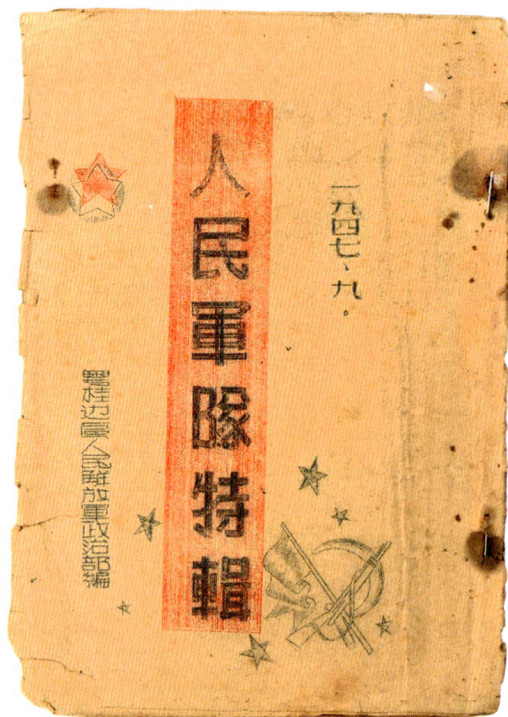

粤桂边区人民解放军政治部编
《人民军队特辑》

1947 年 9 月
纸
拨交

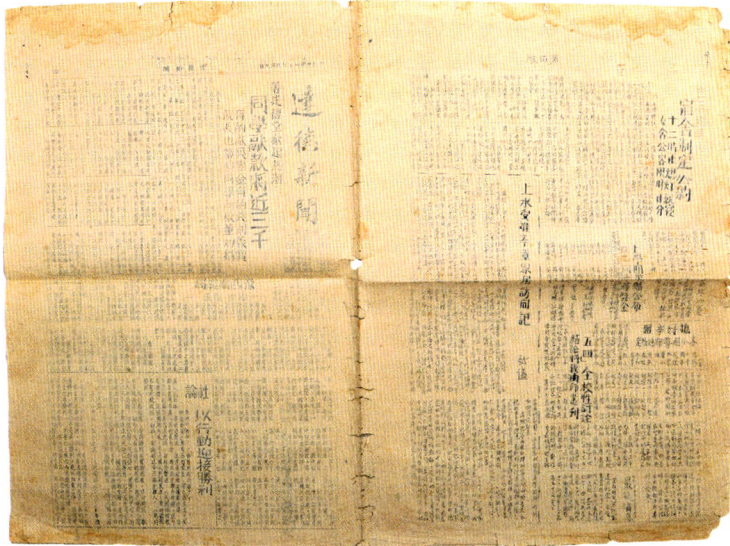

《达德新闻》第六期

1948 年 5 月 9 日
纸
吕波涛捐赠

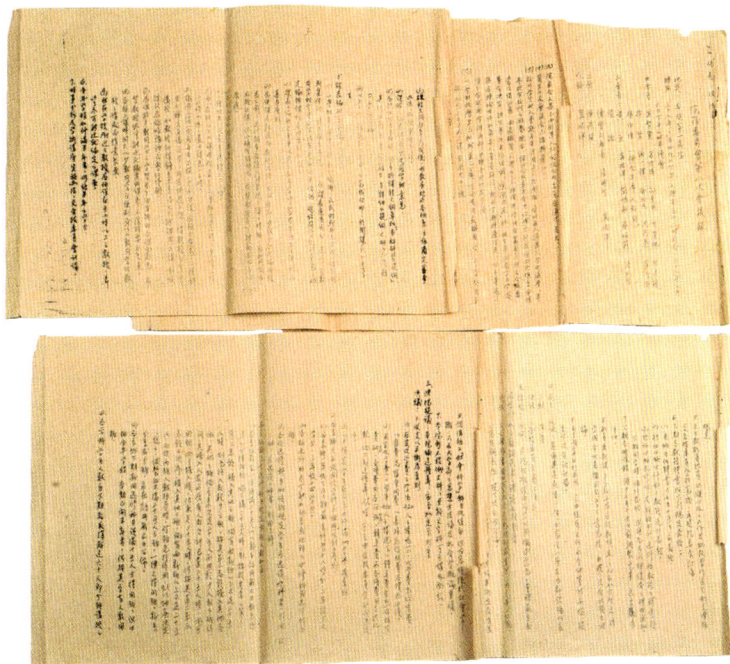

香港达德学院院务第八次会议记录

1948 年 6 月
纸
吕波涛捐赠

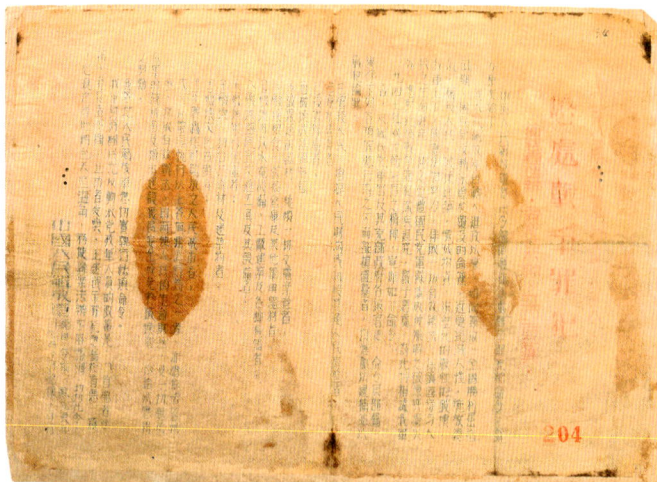

人民解放军总司令部命令《惩处战争罪犯》

1948 年 10 月 1 日
纸
拨交

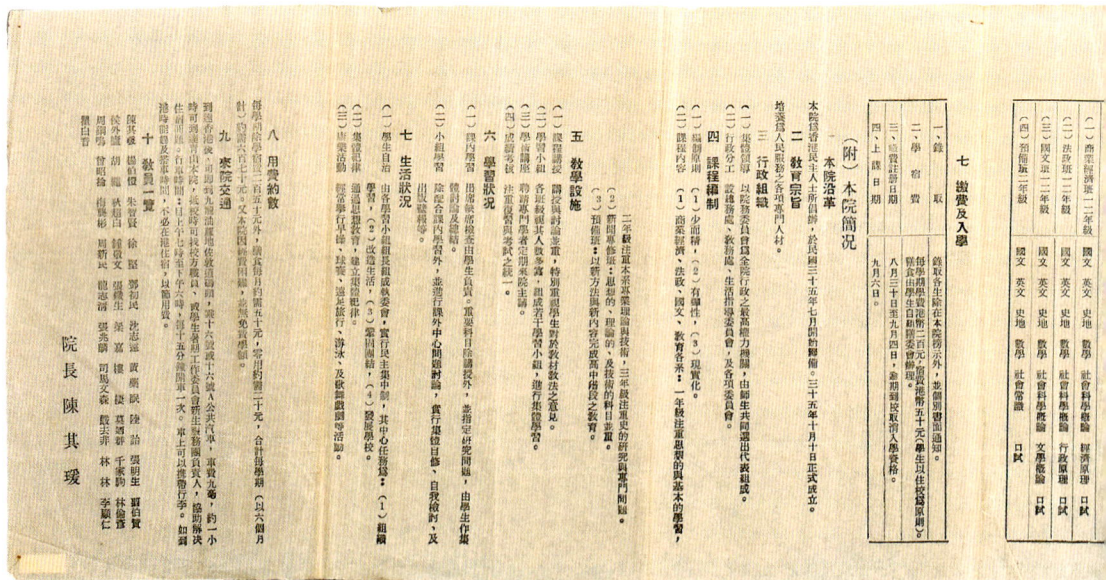

《香港达德学院卅七年秋季招生简章》

1948 年
纸
夏松本捐赠

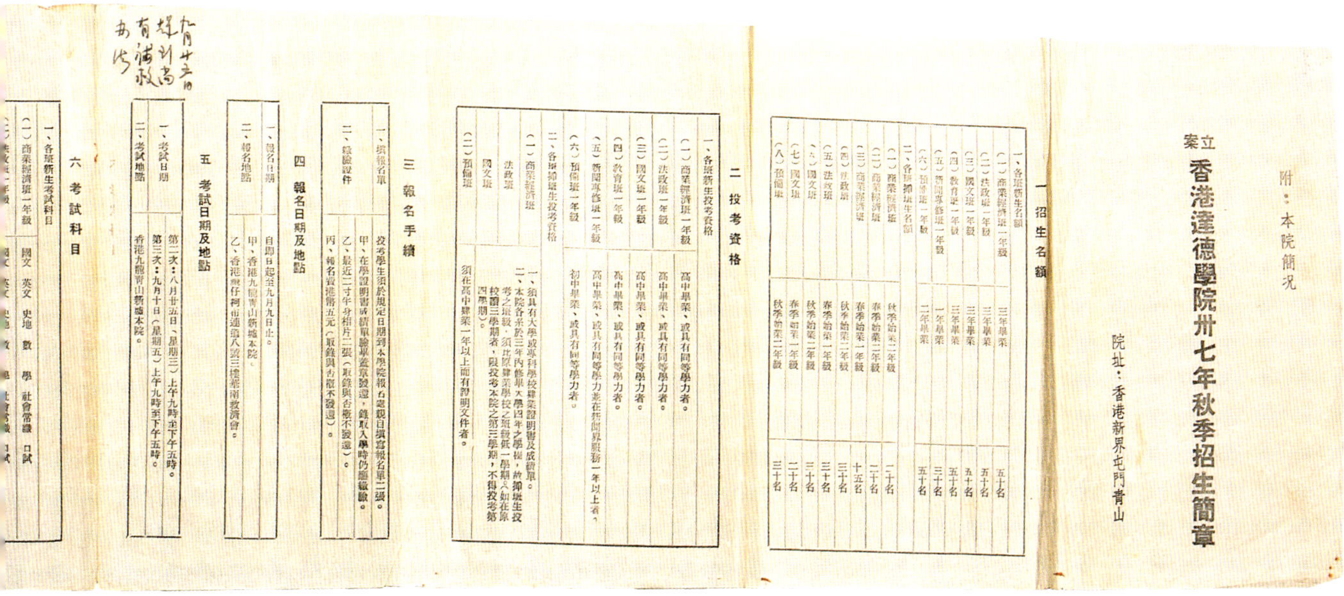

立案

香港達德學院卅七年秋季招生簡章

院址：香港新界屯門青山

附：本院簡況

一、招生名額

（一）各班招生名額

（二）產業經濟班一年級　三年畢業　五十名

（三）法政班一年級　三年畢業　五十名

（四）教育班一年級　三年畢業　三十名

（五）國文班一年級　三年畢業　五十名

（六）商業經濟班　秋季始業二年級　五十名

（七）國文班　秋季始業一年級　三十名

（八）國文班　春季始業一年級　二十名

　　產業經濟班　秋季始業二年級　二十名

　　法政班　秋季始業二年級　十五名

　　教育班　秋季始業一年級　三十名

　　商業經濟班　秋季始業一年級　五十名

二、投考資格

（一）各班招生投考資格

（二）產業經濟班一年級　高中畢業、或具有同等學力者。

（三）法政班一年級　高中畢業、或具有同等學力者。

（四）教育班一年級　高中畢業、或具有同等學力者。

（五）國文班一年級　高中畢業、或具有同等學力者。

（六）預備班一年級　初中畢業、或具有同等學力者。

　　商業經濟班

　　法政班

　　國文班

　　高中肄業、或具有同等學力而差在校所習學期相聯一年以上者、

　　一年肄業

　　二年肄業

（七）預備班　須在高中肄業一年以上而有證明文件者。

三、報名手續

（一）繳報名單

投考學生須於規定日期持向本院報名處具領報名單二紙、並須目填盈誓敬各項、

（二）驗體證件

甲、在本院證明書請寫盈票發選、親具入學時須驗歷識。

乙、最近三寸半身相片二張（點鐘興右腰不簽選）

丙、報名費提前五元（取錄與否概不發還）

四、報名日期及地點

（一）報名日期

自即日起至九月九日止。

（二）報名地點

甲、香港九龍青山　新織本院

乙、香港仔村電話達八五三樓柴南教濟容

五、考試日期及地點

（一）考試日期

第一次：八月廿五日、星期三。

第二次：九月十日（星期五）上午九時至下午五時。

（二）考試地點

香港九龍青山　新織本院

六、考試科目

一、各班插班生考試科目

國文　英文　史地　數學　社會常識　口試

（二）商業經濟班一年級

國文　英文　史地　數學　社會常識　口試

九月廿五日
輝訓局
有備取
取消

粤桂边区人民报社《捷报》第六期

1949 年 2 月 6 日

纸

拨交

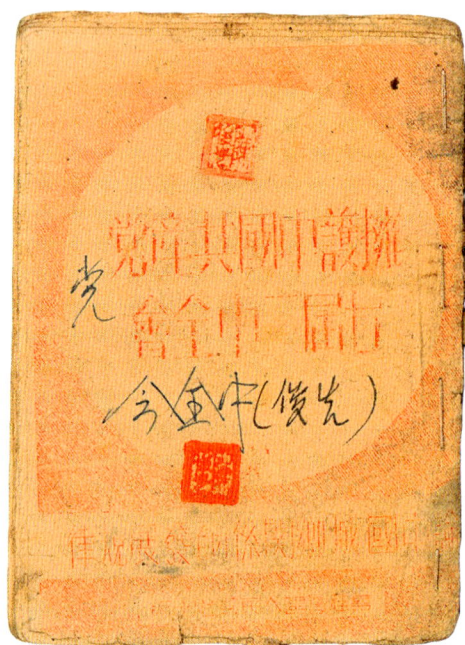

粤桂边区人民报社出版
《拥护中国共产党七届二中全会》

1949 年 4 月 4 日

纸

拨交

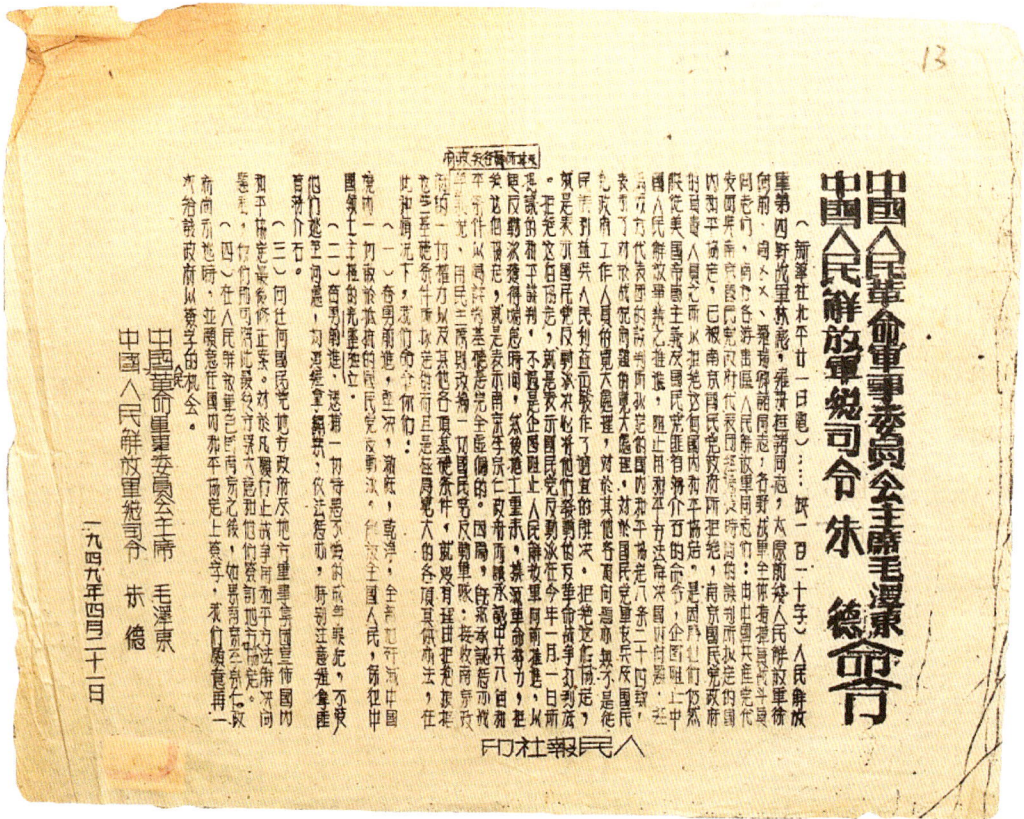

人民报社油印传单：
《中国人民革命军事委员会主席毛泽东、中国人民解放军总司令朱德命令》

1949 年 4 月 21 日
纸
拨交

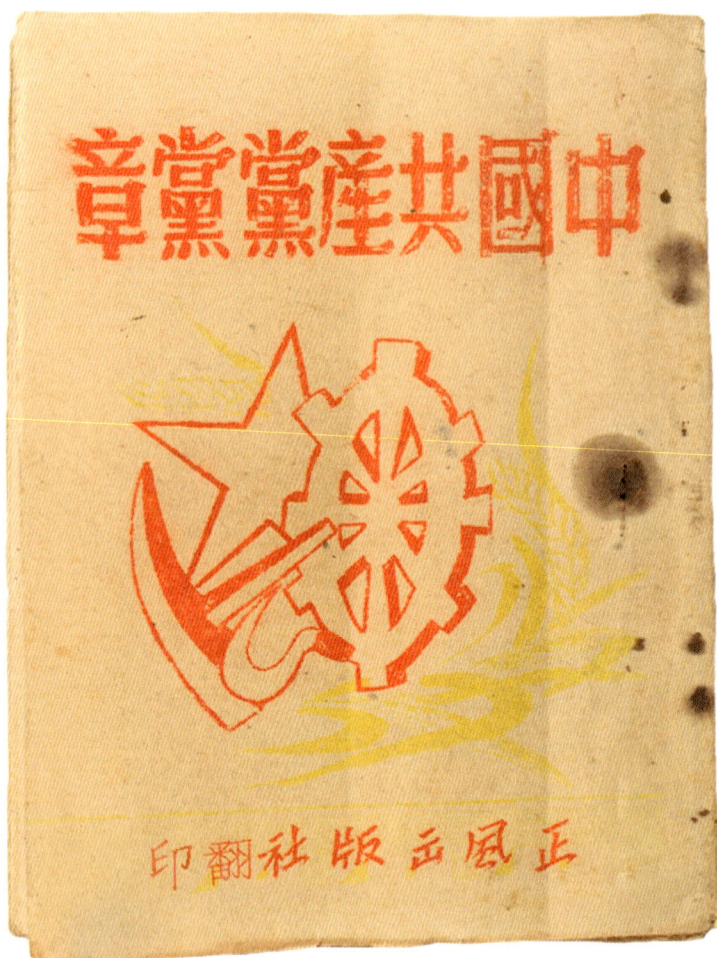

正风出版社翻印《中国共产党党章》

解放战争时期
纸
拨交

送新单

1. 送新年送到了龙头上 好男儿去参军多么的光荣 家中的事情
不用你挂念 工农摆青妇童团都给你帮忙

2. 送新年送到了大路上 嘱咐你几句话要你记心肠 参军
去要你多杀反动派 杀敌人保家乡 四海把名扬

3. 送新年送到了大桥头 我们有几句话要你听着 王小二
上要你服从领导 要多杀敌人 工作要小心

4. 送新年送到了十里亭 参加的全都是青年英雄 上战场
杀敌人 要你模范 百战百胜杀尽了敌人

5. 送新年送到了光荣坡 我们有几句要向你诉说
自卫战眼看着要胜利 打胜仗 回家乡 多么快乐

6. 送新年送到了翻身庄 要你们早胜利早回家乡
多快乐少见了我那父和母 要根据生贵子富贵多少年

手抄歌集（内页）

解放战争时期
纸
拨交

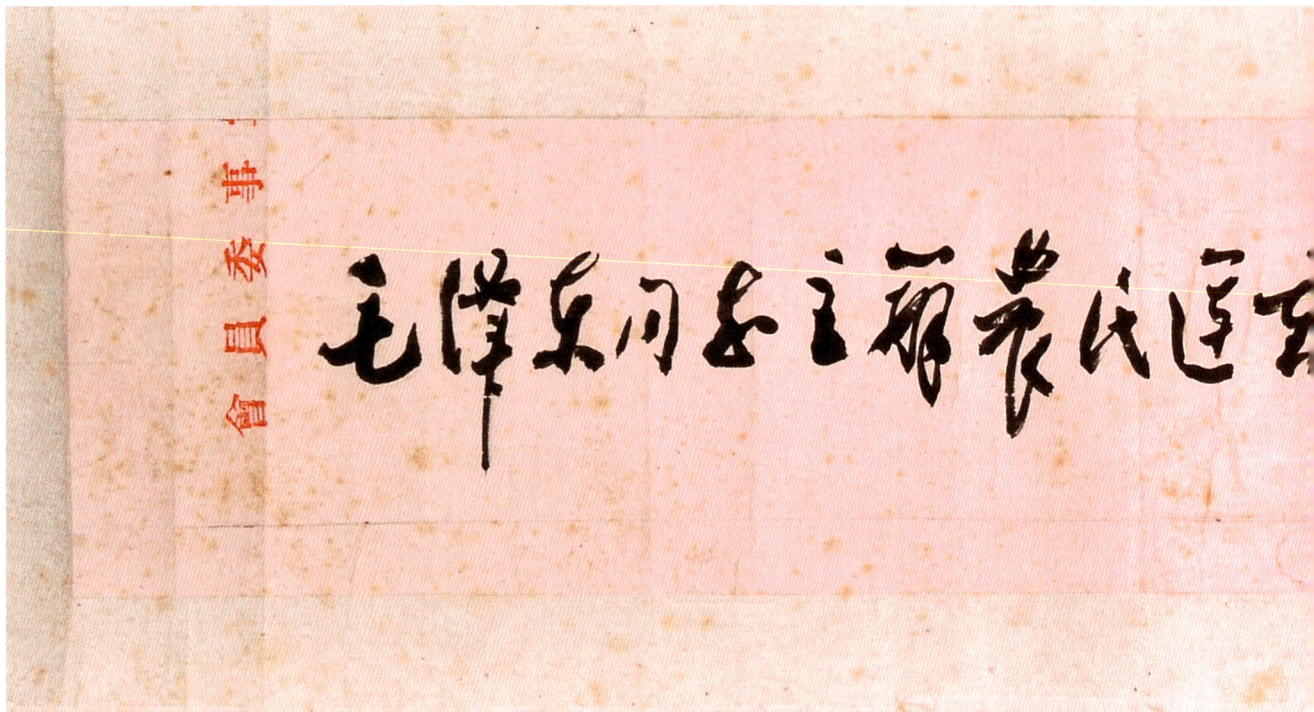

周恩来题字

1953 年
纸
拨交

海官听虚址

徽章证件

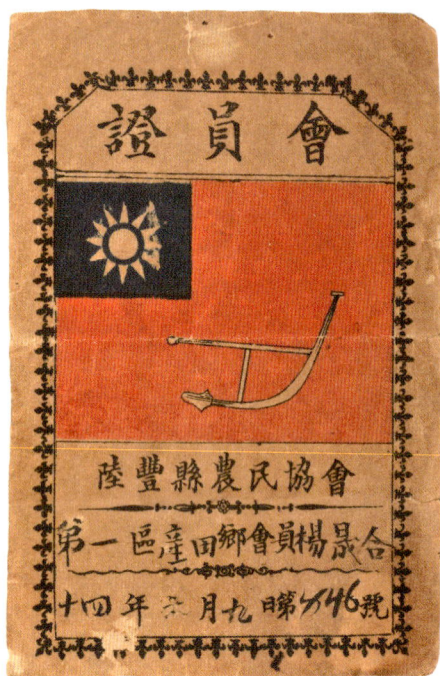

广东陆丰县农民协会会员证

1925 年 6 月 9 日
纸
早期征集

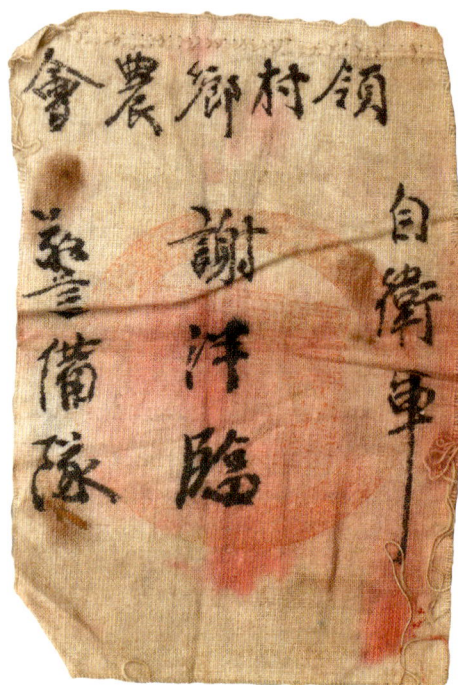

广东高要领村乡农会自卫军证

1925 年
棉麻
拨交

汕頭罷工工人憑証

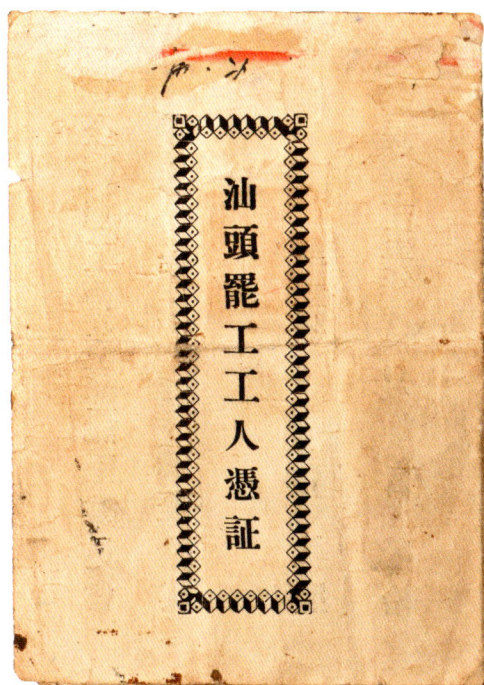

汕头罢工工人凭证

1926 年 4 月 13 日

纸

拨交

陸豐縣農民協會

會員減租証

陸豐縣第十區 下砂鄉坡下

會員 漫春芳

非有此証

借給他人

當為無効

不得減租

中華民國十五年 六月 六日給

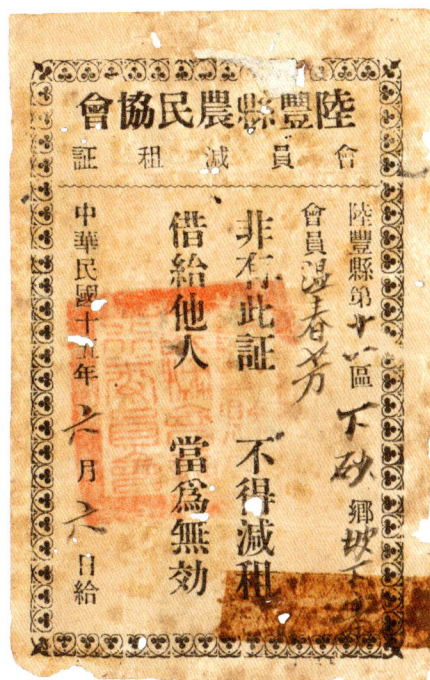

陆丰县农民协会会员减租证

1926 年 6 月 6 日

纸

早期征集

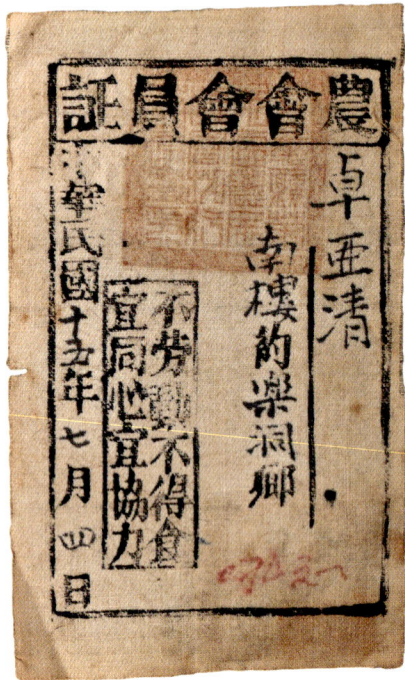

广东南楼约乐洞乡农会会员证

1926 年 7 月 4 日
棉麻
早期征集

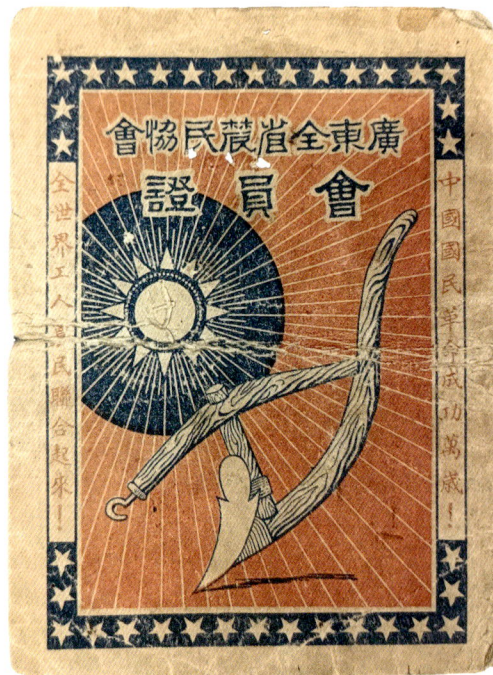

广东全省农民协会会员证

1926 年
纸
早期征集

第六届农讲所学员解学海佩戴的
农讲所证章

1926 年
铜
解加麟、解加鹤捐赠

广东大埔县农民自卫军袖章

1926 年
棉
拨交

广东大埔县农民自卫军袖章

1926 年
棉
拨交

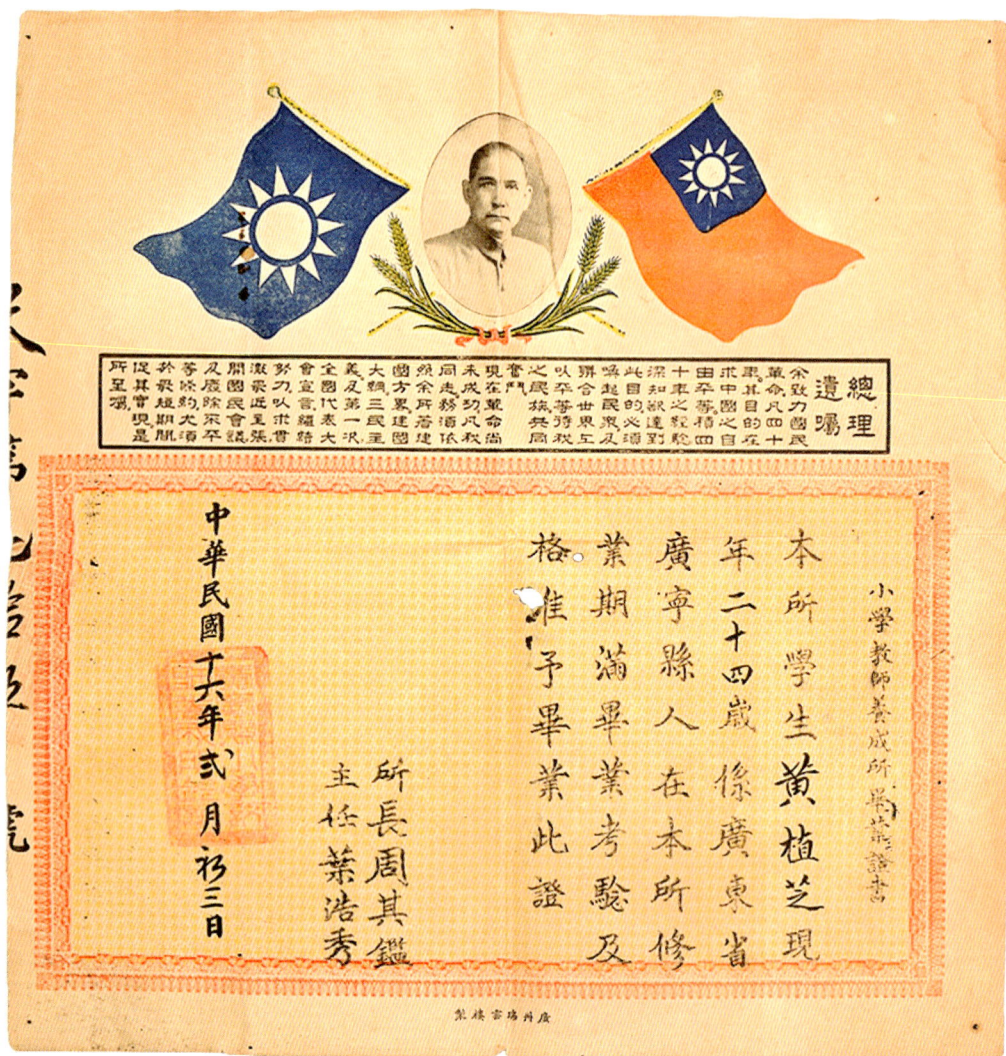

小学教师养成所毕业证书

1927 年 2 月 3 日
纸
拨交

北江农军证章

第一次国内革命战争时期
铜
拨交

广东普宁县农民协会会员证章

第一次国内革命战争时期
铜
拨交

广东省番禺县农民协会证章

第一次国内革命战争时期
铜
早期征集

广东南海县农民协会会员证章

第一次国内革命战争时期
铜
早期征集

广东南雄县农民协会会员证章

第一次国内革命战争时期
铜
早期征集

广东乐昌县农民协会会员证章

第一次国内革命战争时期
铜
早期征集

广东广州市郊农民协会会员证章

第一次国内革命战争时期
铜
早期征集

广东高要县农民协会会员证章

第一次国内革命战争时期
铜
早期征集

广东省惠阳县农民协会会员证章

第一次国内革命战争时期
铜
早期征集

鹤山第二区塘田乡农民协会证章

第一次国内革命战争时期
铜
拨交

高要端源乡农会证章

第一次国内革命战争时期
铜
拨交

广东省花县农民协会证章

第一次国内革命战争时期
铜
早期征集

广东省海丰县农民协会会员证章

第一次国内革命战争时期
铜
早期征集

广东鹤山县农民协会会员证章

第一次国内革命战争时期
铜
拨交

广东揭阳县农民协会会员证章

第一次国内革命战争时期
铜
拨交

广东曲江县农民协会会员证章

第一次国内革命战争时期
铜
拨交

广东清远县农民协会会员证章

第一次国内革命战争时期
铜
早期征集

广东顺德县农民协会会员证章

第一次国内革命战争时期
铜
早期征集

广东中山县农民协会会员证章

第一次国内革命战争时期
铜
早期征集

广东新会县农民协会会员证章

第一次国内革命战争时期
铜
早期征集

广东潮安上莆区区农民协会奖章

第一次国内革命战争时期
铜
拨交

广东潮安县农民协会会员证章

第一次国内革命战争时期
铜
拨交

广东汕头市郊农民协会会员证章

第一次国内革命战争时期
铜
拨交

广东工会联合会出席代表证章

第一次国内革命战争时期
铜
邝耀伦捐赠

广东省农民协会饶平县农民自卫军
模范队毕业证章

第一次国内革命战争时期
铜
拨交

国民革命军第一教导师司令部出入证

第一次国内革命战争时期
铜
拨交

广东饶平县农民协会会员证章

第一次国内革命战争时期
铜
早期征集

广东英德县农民协会会员证章

第一次国内革命战争时期
铜
拨交

广东仁化县农民协会会员证章

第一次国内革命战争时期
铜
早期征集

潮梅海陆丰第一次农民代表大会纪念章

第一次国内革命战争时期
铜
早期征集

潮州工界联合会会员证章

第一次国内革命战争时期
金属
拨交

广东油业工会会员证章

第一次国内革命战争时期
铜
早期征集

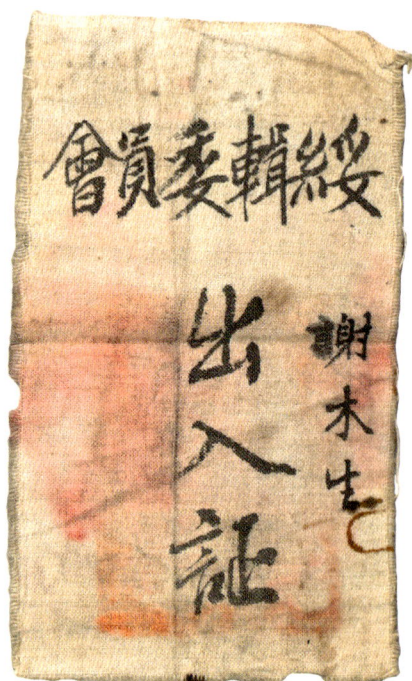

高要绥辑委员会出入证

第一次国内革命战争时期
棉麻
拨交

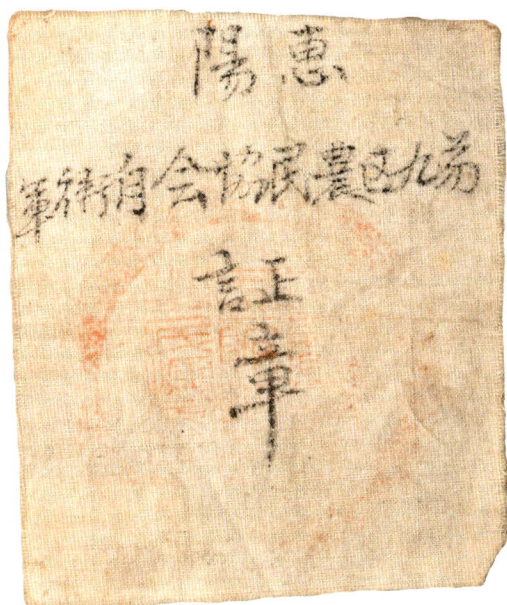

惠阳第九区农民协会自卫军证章

第一次国内革命战争时期
棉麻
早期征集

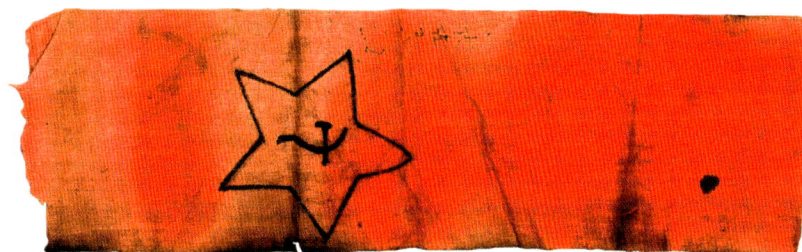

广东五华县农民自卫军袖章

第一次国内革命战争时期
棉
拨交

广东第二次全省农民代表大会旁听证

第一次国内革命战争时期
丝绸
拨交

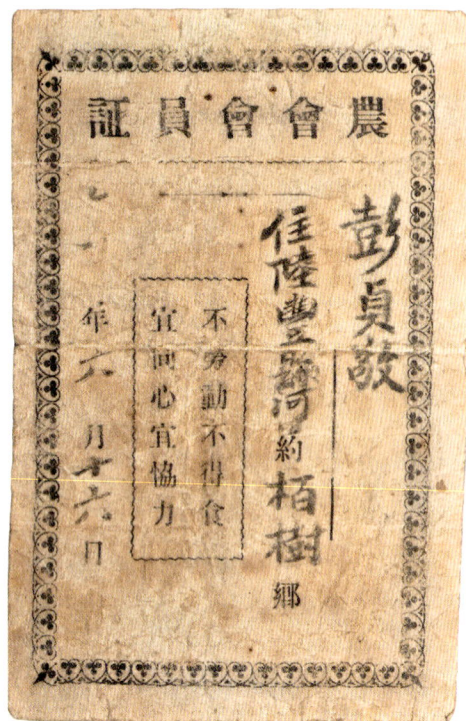

惠州农民联合会会员证

第一次国内革命战争时期
纸
早期征集

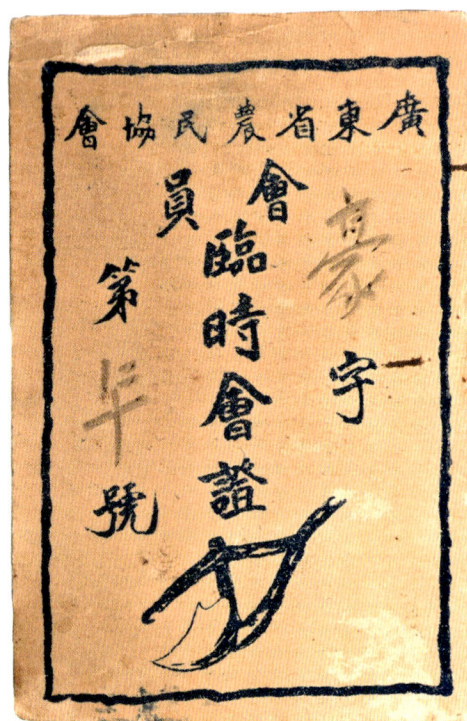

广东省农民协会会员临时会证

第一次国内革命战争时期
纸
早期征集

东区赤卫军袖章

1929 年
棉
拨交

游击队臂章

1929 年
棉
拨交

"仇不报，无回家"红军胸章

第二次国内革命战争时期
棉麻
拨交

红军家属优待证

第二次国内革命战争时期
棉麻
拨交

广东五华县赤卫队袖章

第二次国内革命战争时期
棉
拨交

镰刀、斧头、五角星图案袖章

第二次国内革命战争时期
棉
拨交

广东兴宁第五区第三乡赤卫队队员肩章

第二次国内革命战争时期
棉
拨交

红军袖章

第二次国内革命战争时期
棉
拨交

中国共产党党证

第二次国内革命战争时期
纸
拨交

红军十周年纪念章

1937 年
铜
拨交

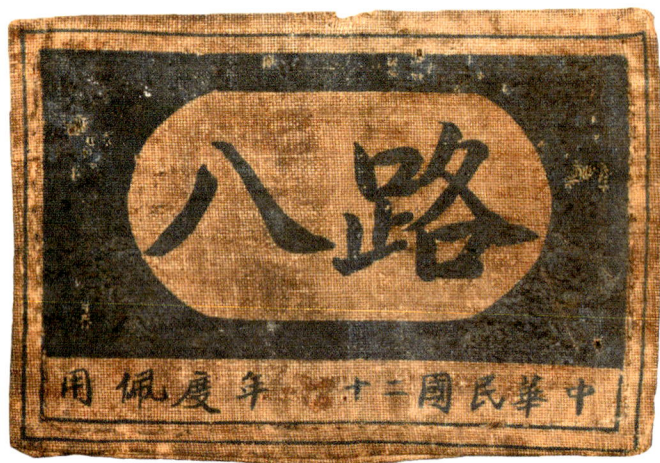

八路军臂章

1938 年
棉麻
拨交

广州受降典礼纪念章

1945 年
铜
拨交

抗大毕业证章

抗日战争时期
铁
拨交

飞虎队臂章

抗日战争时期
棉麻
购买

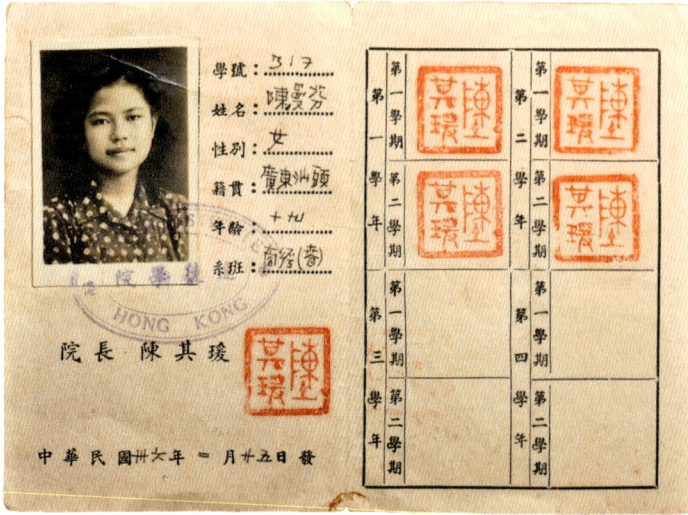

香港达德学院学生证

1947 年 2 月 25 日
纸
陈曼芬捐赠

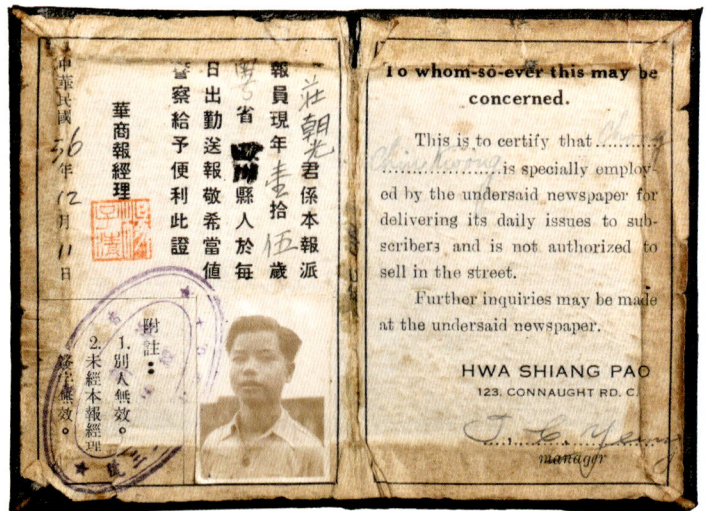

《华商报》派报员证

1947 年 12 月 11 日
纸
庄朝光捐赠

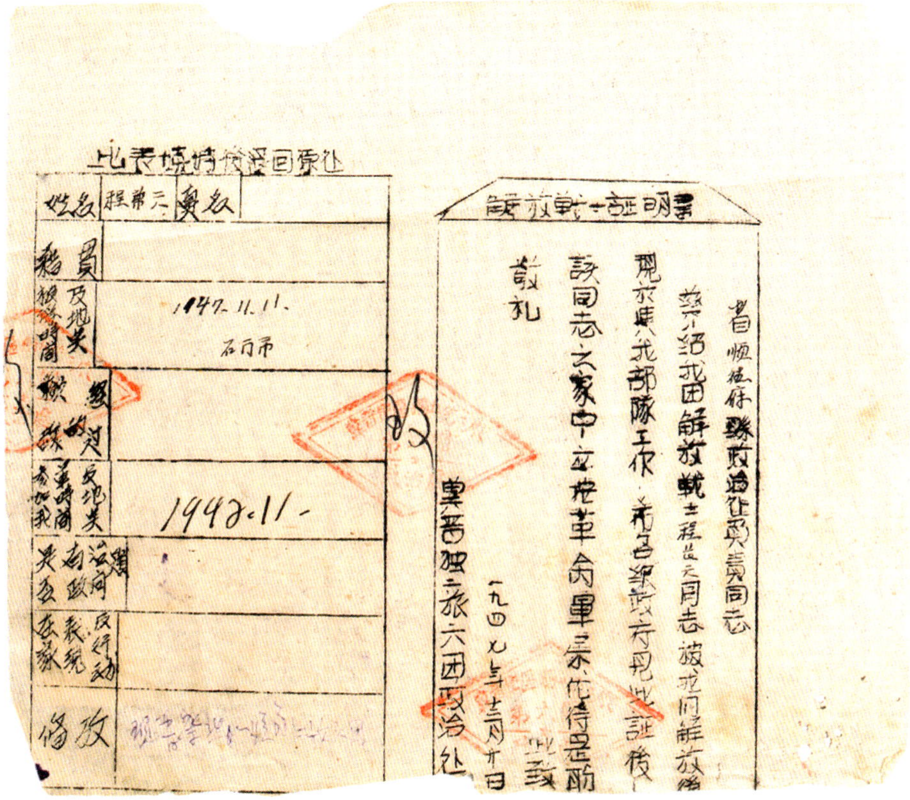
解放戰士證明書

敬禮

冀晉獨立旅六團政治處

一九四七年十二月廿日

解放战士证明书

1947 年 12 月 20 日

纸

拨交

第六次全国劳动大会纪念章

1948 年
金属
杜其捐赠

解放东北纪念章

1948 年
铜
夏炎捐赠

淮海战役纪念章

1949 年 1 月 10 日
金属
李端捐赠

達德學院修業證明書

學生陳影祥 現年二十三歲係福建
省晉江縣人曾在本院商經系修
滿弍年級上學期成績及格此證

院長 陳其瑗

中華民國三十八年二月 日

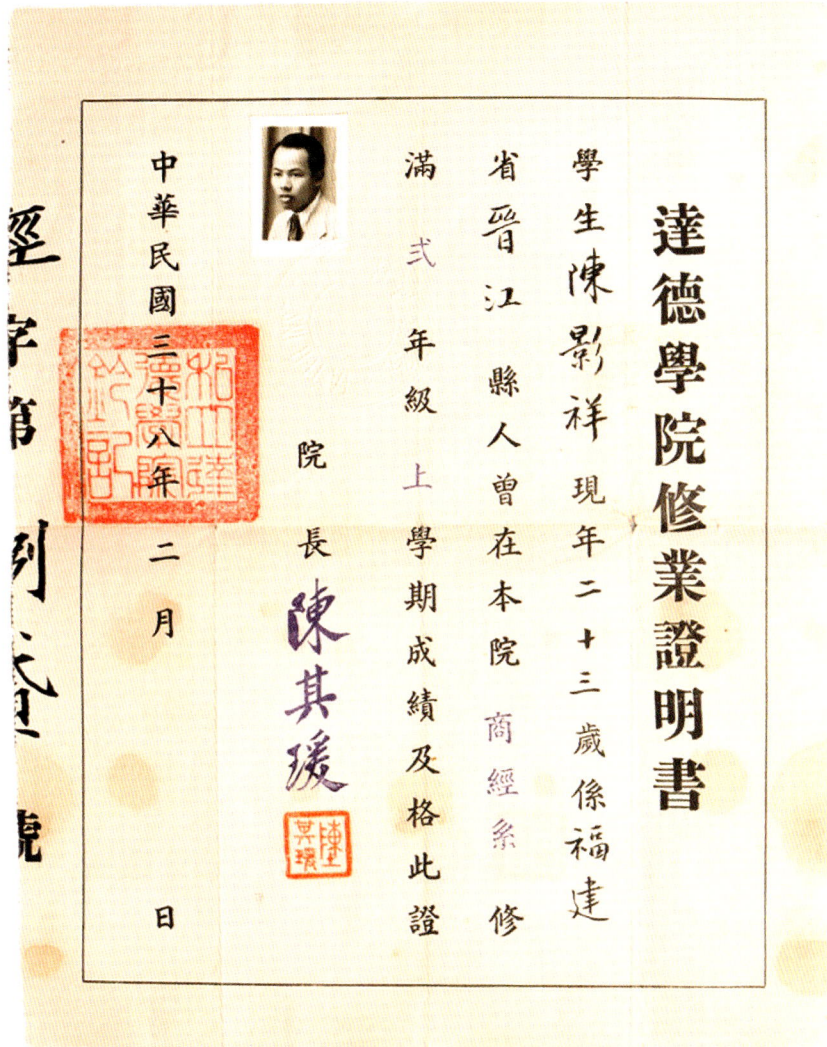

香港达德学院修业证明书

1949 年 2 月
纸
陈影祥捐赠

渡江胜利纪念章

1949 年 4 月 21 日
铜
曾萍捐赠

两广纵队战士罗启忠的中共临时党员证

1949 年 7 月
纸
罗启忠捐赠

抗日纪念章

20 世纪 40 年代
铁
拨交

解放西南胜利纪念章

1949 年
铜
张志英捐赠

中国人民解放军粤赣湘边纵队臂章

1949 年
棉麻
蒋宗璠捐赠

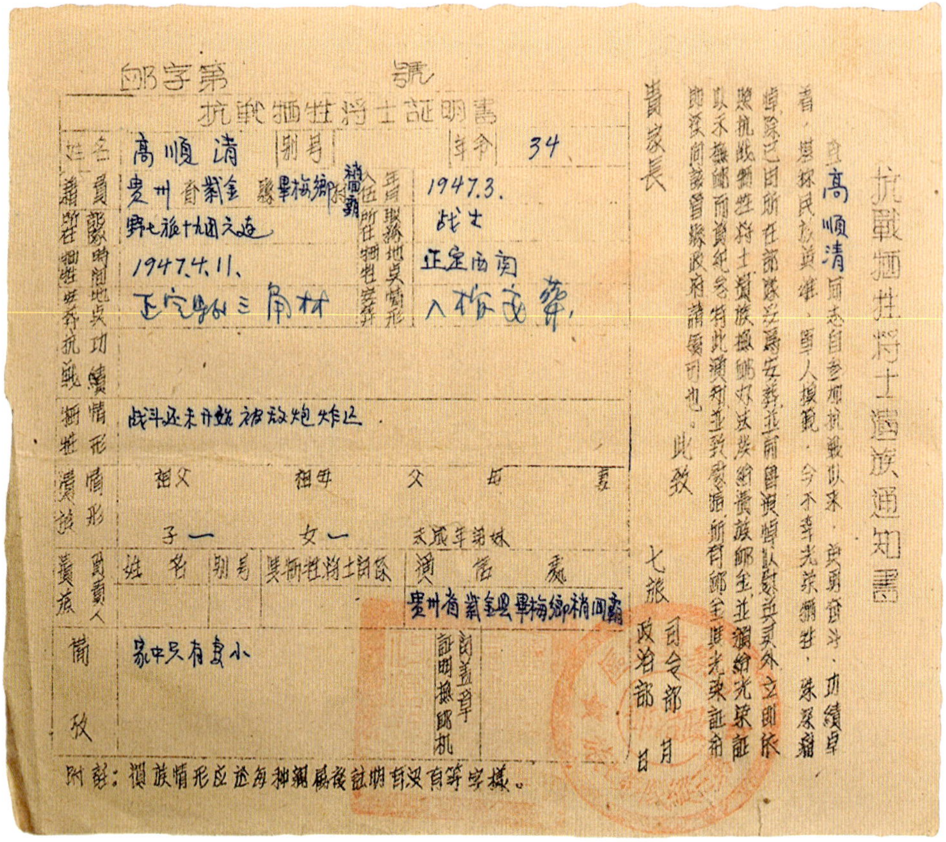

抗戰牺牲將士遺族通知書

貴家長

高順清同志自參加抗戰以來……

此致

七旅 司令部
政治部 日月

邮字第 號
抗戰牺牲將士証明書

姓名	高順清	別号		年齡	34

戰鬥還未開始 被敵砲炸死。

祖父	祖母	父	母	妻
子一	女一			

姓名	別号			

家中只有妻小

附註：

高顺清的《抗战牺牲将士遗族通知书》

解放战争时期
纸
拨交

解放华中南纪念章

1950 年
金属
方演捐赠

华北解放纪念章

1950 年
金属
李端捐赠

抗美援朝纪念章

1951 年
金属
徐尚前捐赠

蔡超的解放奖章和奖章证书

1955 年 2 月 25 日

金属、纸

胡秀珍捐赠

中華人民共和國

獎章證書

周伯明的二级解放勋章

1957 年

金属

曾萍捐赠

织物绣品

广东潮阳县南阳上堤乡农会犁头旗

1927 年
棉麻
拨交

彭湃穿过的大衣

第一次国内革命战争时期
毛
拨交

第六届农讲所学员马致远用过的蚊帐

第一次国内革命战争时期
棉麻
马致远捐赠

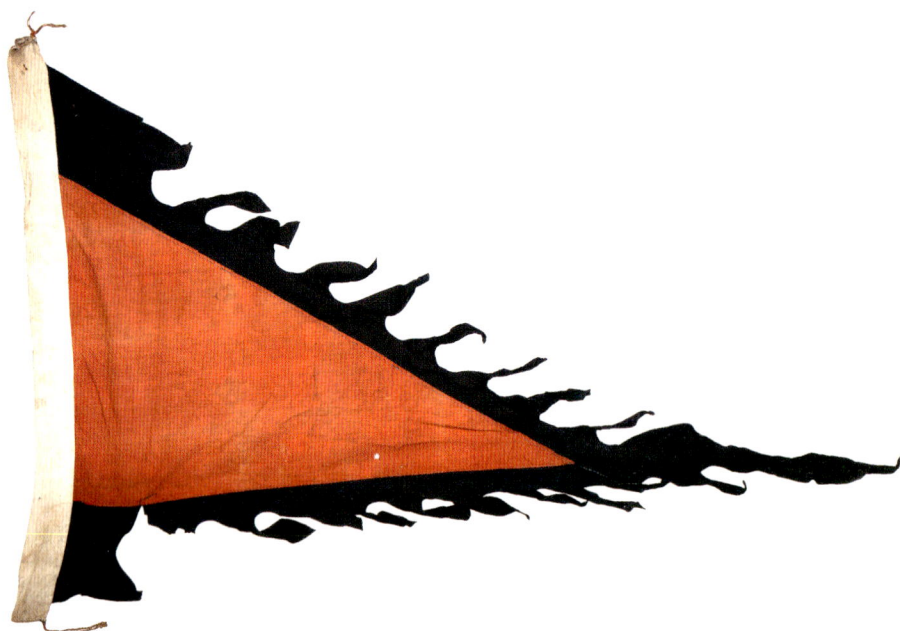

广东五华县农民协会战旗

第一次国内革命战争时期
棉
拨交

顺德第八区光华乡农民自卫军号带

第一次国内革命战争时期
棉
拨交

第五届农讲所学员谭作舟
穿过的衣服

20 世纪 20 年代
棉
谭作楫捐赠

第六届农讲所学员霍世杰
穿过的袜子

20 世纪 20 年代
棉麻
宋桂英捐赠

第六届农讲所学员霍世杰
用过的瓜皮帽

20 世纪 20 年代
棉
宋桂英捐赠

红军送给带路农民的棉衣

1934 年
棉
拨交

东江纵队司令员曾生
在香港当海员时穿过的裤子

1936 年
棉毛
曾德平捐赠

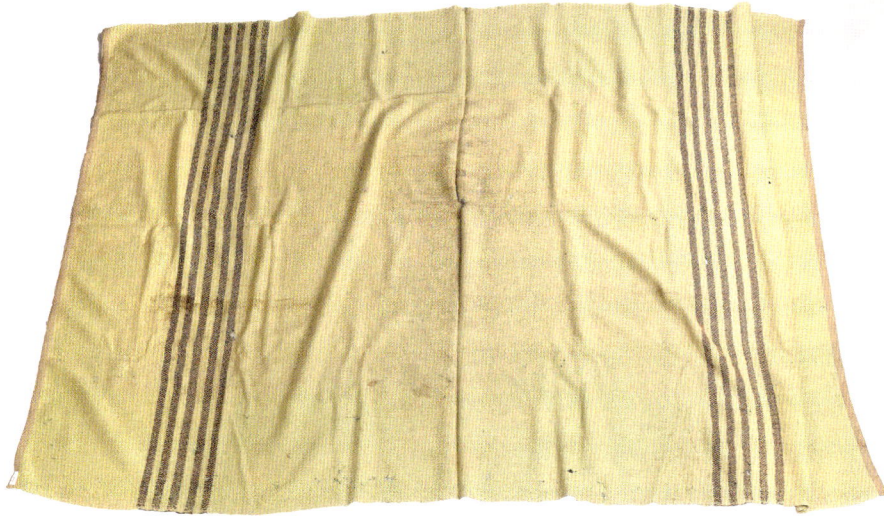

第六届农讲所学员王建功用过的毛毯

1945 年
毛毡布
任以慧捐赠

梁未闻用过的延安土产羊毛花毯

抗日战争时期
羊毛
梁未闻捐赠

**珠江纵队司令员林锵云
送给李进阶的羊毛大衣**

1947 年
羊毛、棉
林凤捐赠

"英雄连"旗帜

1948 年 11 月 20 日
绸缎
拨交

"四平建功"奖旗

1948 年
棉
拨交

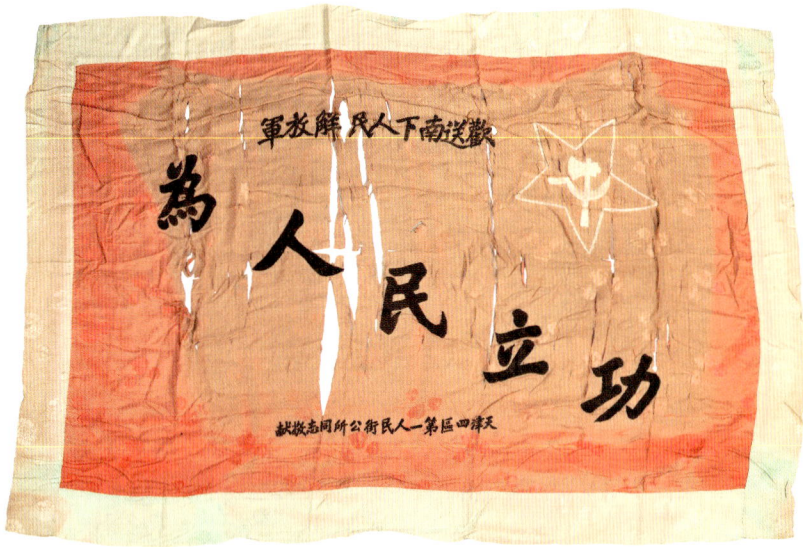

欢送南下人民解放军"为人民立功"旗帜

1949 年
绸缎
拨交

炮一师二十六团一连配合十六兵团
解放太原获赠的锦旗

1949 年
棉
拨交

东北炮一师二团解放太原获赠的旗帜

解放战争时期
绸缎
拨交

邓发用过的领带

解放战争时期
绸缎
拨交

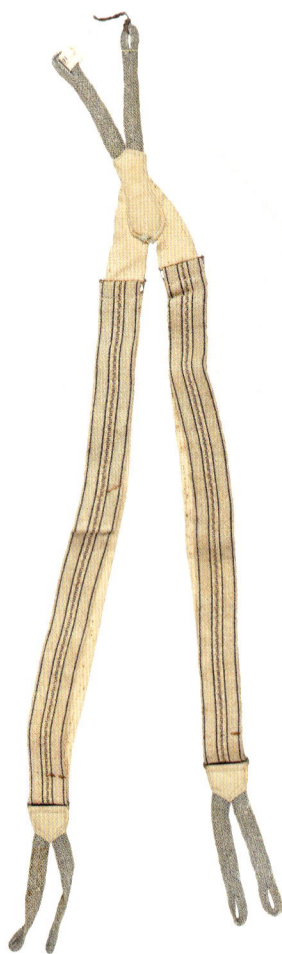

邓发用过的裤背带

解放战争时期
棉
拨交

东江纵队北江支队队长邬强
穿过的军大衣

解放战争时期
毛呢
刁慧文捐赠

**朝鲜人民送给中国志愿军
"保卫和平　奋勇杀敌"锦旗**

1954 年
绸缎
拨交

**广东人民抗日游击总队第五大队
副大队长周伯明抗美援朝时穿过的军大衣**

20 世纪 50 年代
棉
曾萍捐赠

叶剑英指挥逮捕"四人帮"时
穿的军装

1976 年
布
叶剑英资料物品整理保管室捐赠

叶剑英视察广东时穿的衣服

1980 年
布
叶剑英资料物品整理保管室捐赠

武器装备

广西东兰县长乐区
农民自卫军用过的火药袋

1924 年
麻
拨交

广西东兰县长乐区
农民自卫军用过的子弹袋

1924 年
麻
拨交

广宁农民自卫军攻打地主武装时用过的禾叉

1925 年
木、铁
早期征集

广宁农民自卫军用过的火药炮

1925 年
铁
早期征集

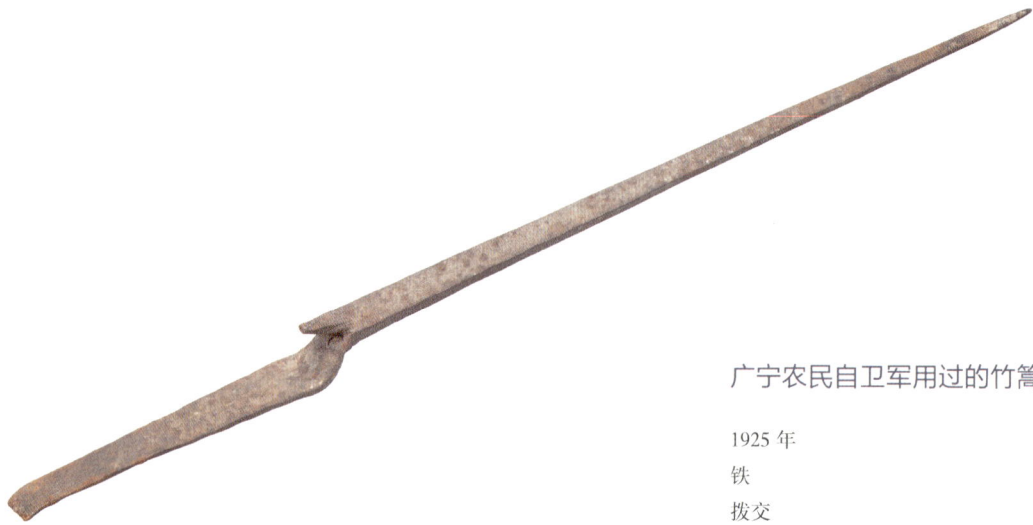

广宁农民自卫军用过的竹篙针

1925 年
铁
拨交

广西东兰县长乐区农民自卫军
用过的火药葫芦

1925 年
木
拨交

广东五华县农民自卫军用过的竹帽

1926 年
竹
拨交

南昌起义军在广东大埔县
作战遗留的弹夹

1927 年
铁
拨交

南昌起义军在广东大埔县
作战遗留的子弹壳

1927 年
铜
拨交

秋收起义时工农革命军使用的大刀

1927 年
铁、木
拨交

秋收起义时工农革命军使用的梭标头

1927 年
铁
拨交

广宁农民自卫军攻打地主武装时
用过的火药桶

第一次国内革命战争时期
木
拨交

广宁农民自卫军用过的剑

第一次国内革命战争时期
铁
成家叶捐赠

广东高要领村农民自卫军用过的粉枪

第一次国内革命战争时期
木、铁
拨交

红军在黄洋界保卫战使用的武器——木棍

1928 年
木
拨交

广东五华县农民赤卫队用过的火药角

第二次国内革命战争时期
骨角牙、木
拨交

红军在广东作战时用过的军号

第二次国内革命战争时期
铜
拨交

农民赤卫队员用过的提篮和铁弹

第二次国内革命战争时期
竹、藤、铁
拨交

井冈山赤卫队使用的匕首

第二次国内革命战争时期
铁
拨交

井冈山赤卫队使用的手榴弹

第二次国内革命战争时期
铁
拨交

货币票据

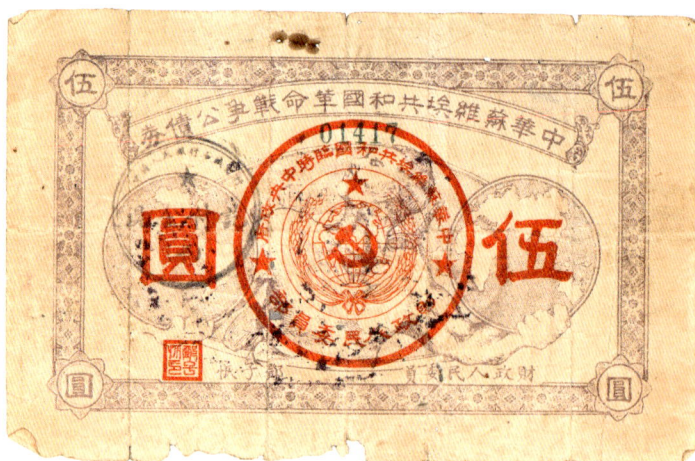

中华苏维埃共和国革命战争伍元公债券

1932 年 6 月 25 日
纸
早期征集

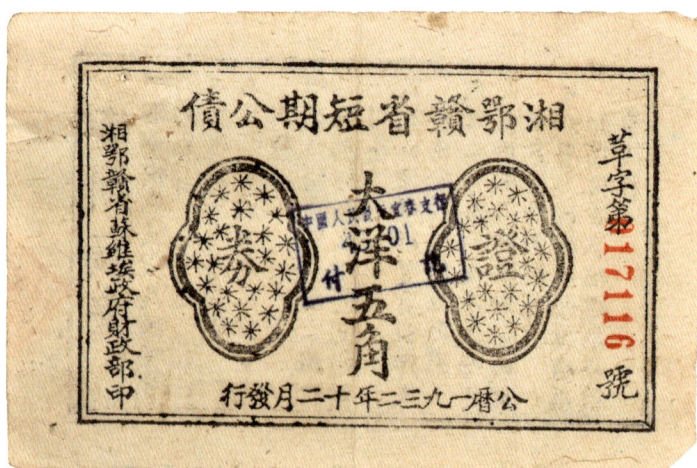

湘鄂赣省短期伍角公债券

1932 年 12 月
纸
拨交

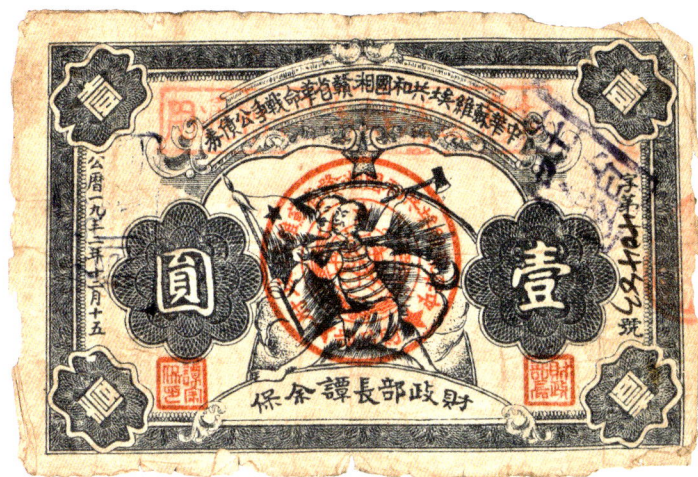

中华苏维埃共和国湘赣省革命战争壹元公债券

1932 年 12 月
纸
拨交

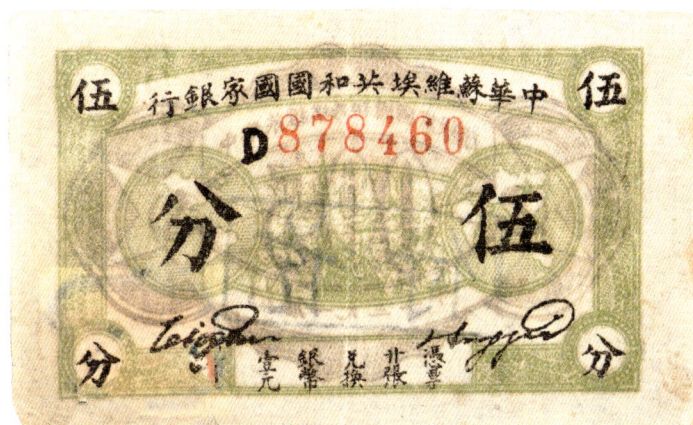

中华苏维埃共和国国家银行伍分纸币

1932 年
纸
拨交

中华苏维埃共和国国家银行壹角纸币

1932 年
纸
拨交

中华苏维埃共和国国家银行贰角纸币

1932 年
纸
拨交

中华苏维埃共和国国家银行壹元纸币

1932 年
纸
拨交

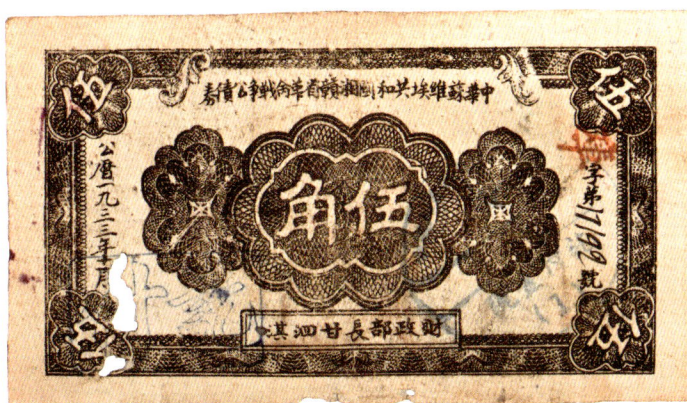

中华苏维埃共和国湘赣省革命战争伍角公债券

1933 年 11 月
纸
拨交

中华苏维埃共和国贰角铜币

1933 年
铜
早期征集

中华苏维埃共和国国家银行伍角纸币

1933 年
纸
拨交

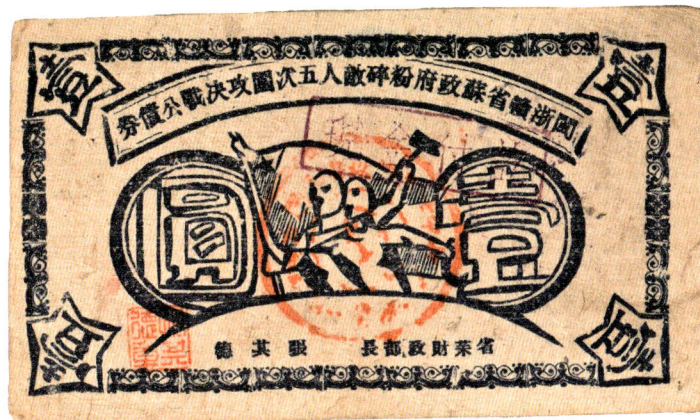

闽浙赣省苏政府粉碎敌人五次围攻决战
壹元公债券

1934 年 7 月 1 日
纸
拨交

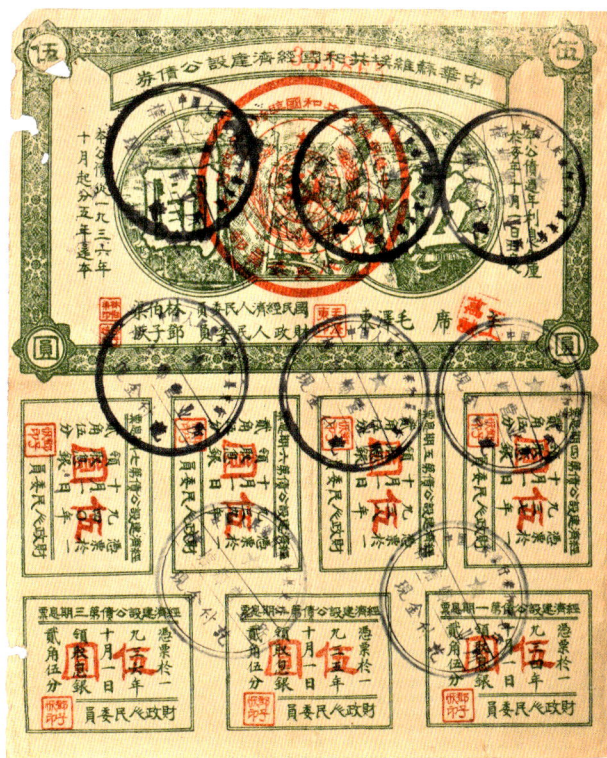

中华苏维埃共和国经济建设伍元公债券

1935 年
纸
拨交

中华苏维埃共和国壹分铜币

第二次国内革命战争时期
铜
拨交

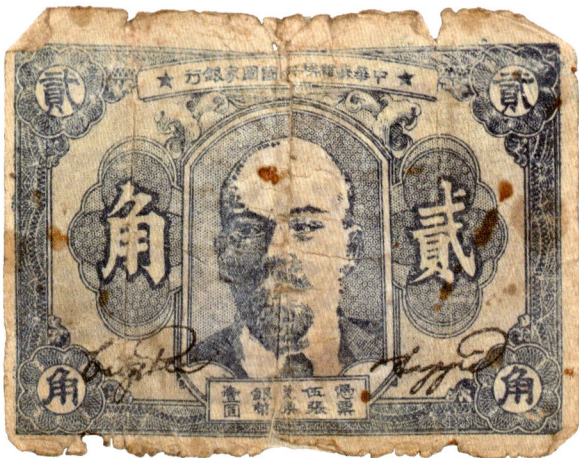

中华苏维埃共和国伍分铜币

第二次国内革命战争时期
铜
拨交

中华苏维埃共和国国家银行贰角纸币

第二次国内革命战争时期
纸
拨交

中华苏维埃共和国国家银行壹元纸币

第二次国内革命战争时期
纸
拨交

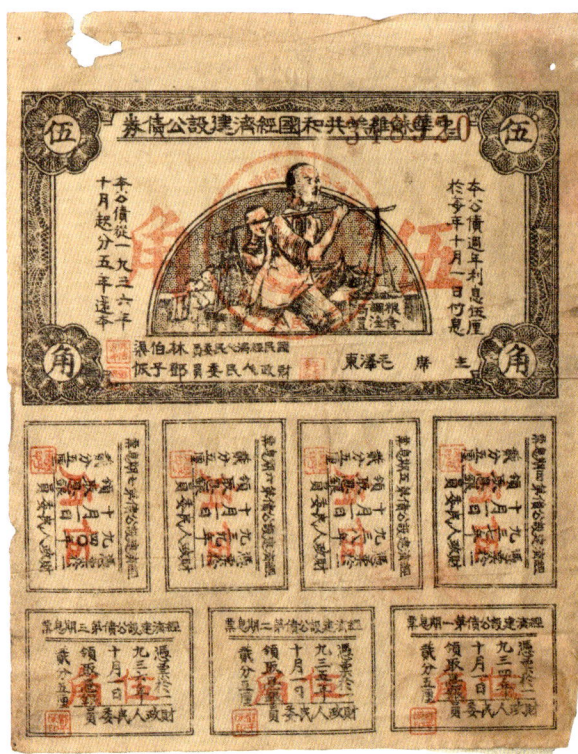

中华苏维埃共和国经济建设伍角公债券

第二次国内革命战争时期
纸
早期征集

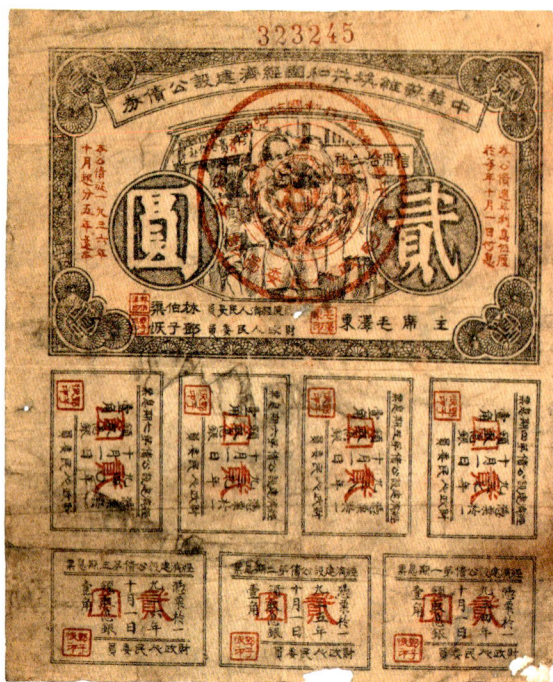

中华苏维埃共和国经济建设贰元公债券

第二次国内革命战争时期
纸
早期征集

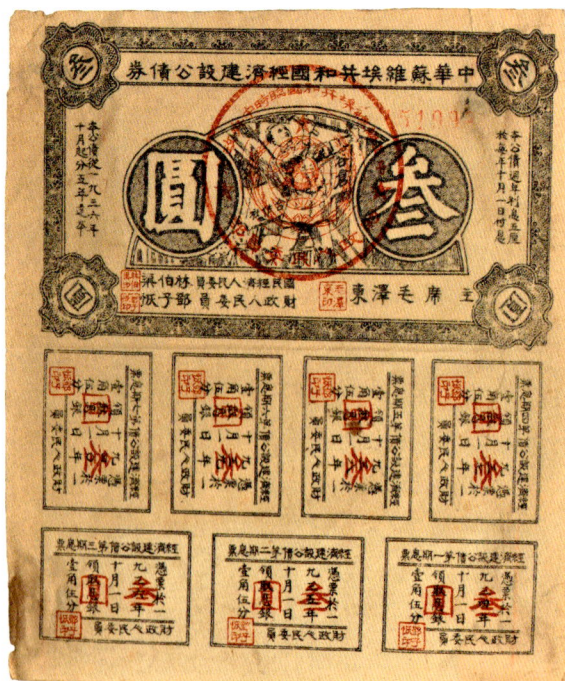

中华苏维埃共和国经济建设叁元公债券

第二次国内革命战争时期
纸
拨交

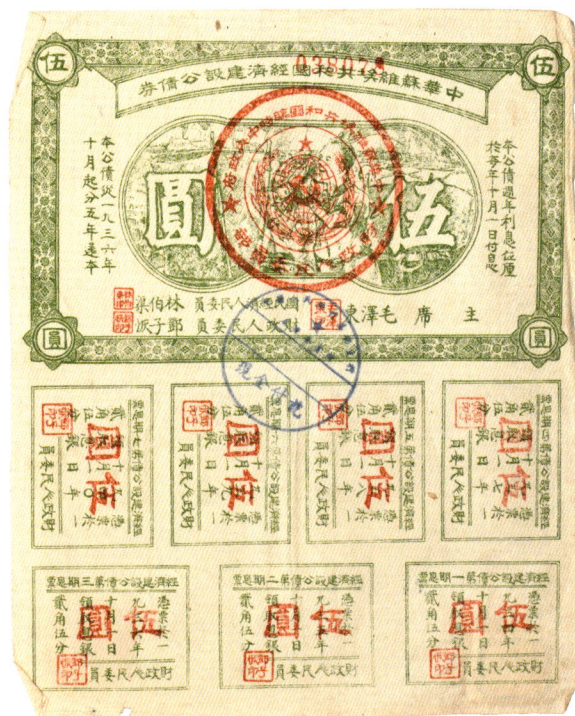

中华苏维埃共和国经济建设
伍元公债券

第二次国内革命战争时期
纸
早期征集

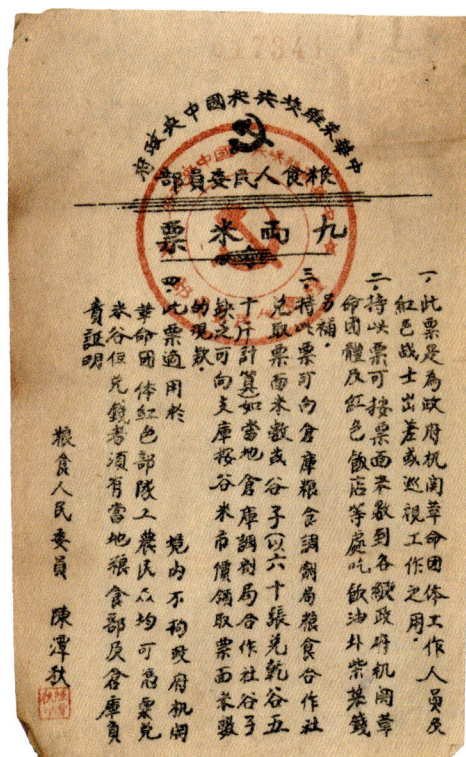

中华苏维埃共和国中央政府
粮食人民委员部九两米票

第二次国内革命战争时期
纸
拨交

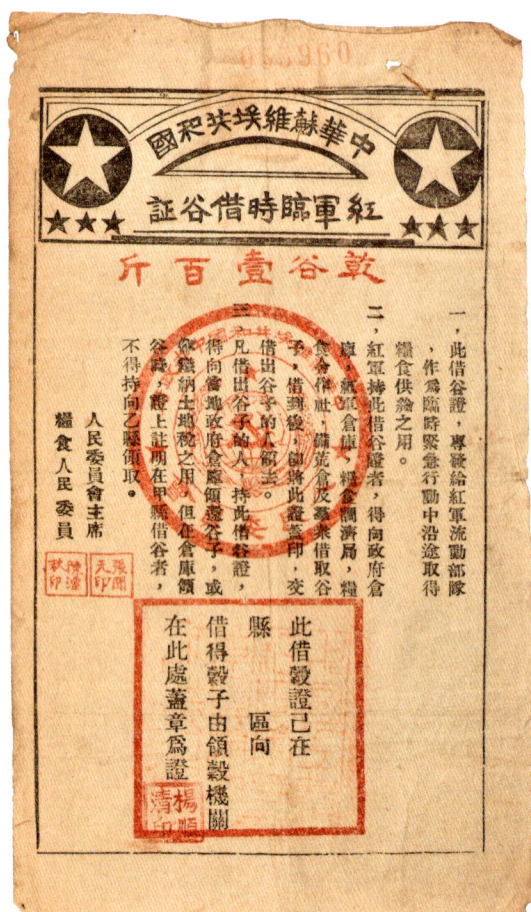

中华苏维埃共和国红军临时借谷证

第二次国内革命战争时期
纸
拨交

光华商店柒角伍分代价券

1940 年
纸
拨交

西北农民银行壹元纸币

1940 年
纸
周辉捐赠

西北农民银行伍元纸币

1941 年
纸
周辉捐赠

陕甘宁边区银行壹角纸币

1941 年
纸
拨交

陕甘宁边区银行伍元纸币

1941 年
纸
拨交

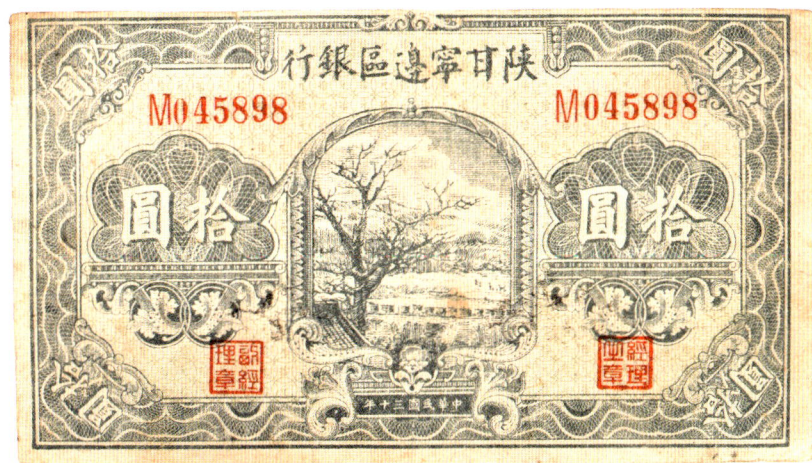

陕甘宁边区银行拾元纸币

1941 年
纸
拨交

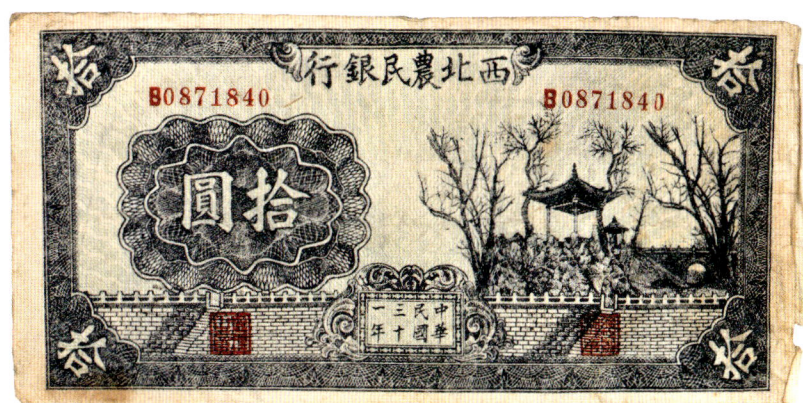

西北农民银行拾元纸币

1942 年
纸
周辉捐赠

陕甘宁边区银行伍元储蓄奖券

1942 年
纸
拨交

陕甘宁边区银行伍拾元纸币

1943 年
纸
拨交

陕甘宁边区银行贰佰元纸币

1943 年
纸
拨交

东北银行（辽东）伍拾元纸币

1945 年
纸
周辉捐赠

晋察冀边区银行（冀热辽）拾元纸币

1945 年
纸
周辉捐赠

晋察冀边区银行（冀热辽）伍拾元纸币

1945 年
纸
拨交

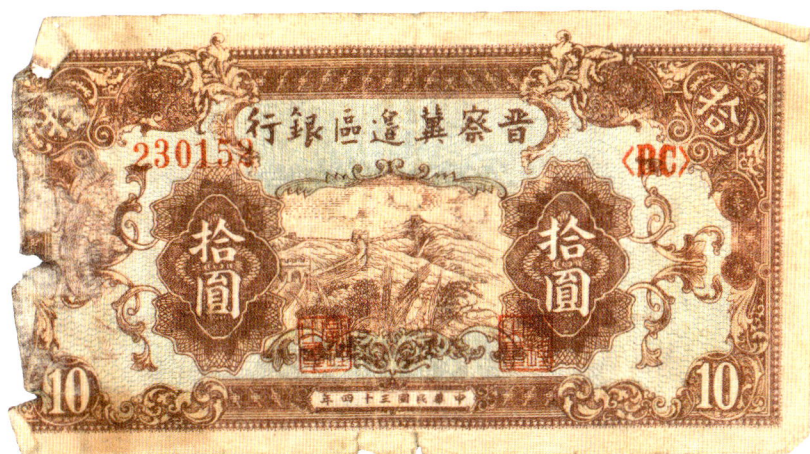

晋察冀边区银行拾元纸币

1945 年
纸
周辉捐赠

鲁中地区秋季伍拾斤战时军用粮票

抗日战争时期
纸
拨交

东安地区实业银行拾元地方流通券

1946 年
纸
拨交

东北银行伍元辽西地方流通券

1946 年
纸
周辉捐赠

东北银行拾元辽西地方流通券

1946 年
纸
周辉捐赠

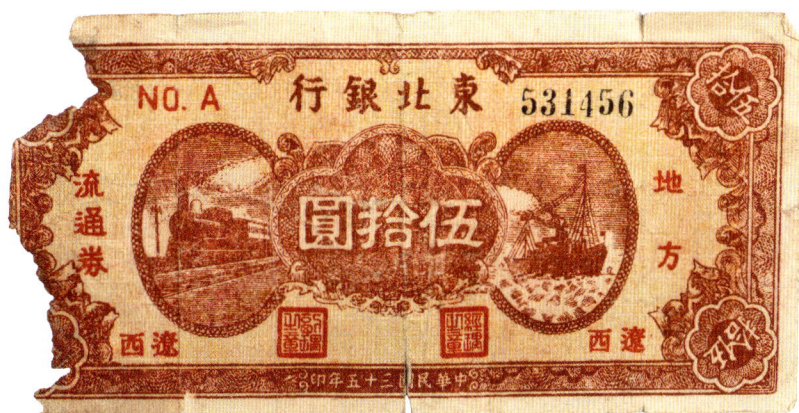

东北银行伍拾元辽西地方流通券

1946 年
纸
周辉捐赠

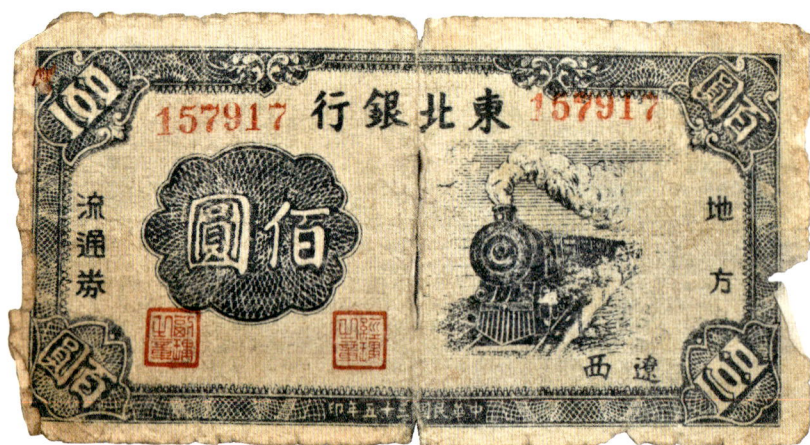

东北银行壹佰元辽西地方流通券

1946 年
纸
周辉捐赠

东北银行伍元吉江流通券

1946 年
纸
周辉捐赠

东北银行拾元吉江地方流通券

1946 年
纸
周辉捐赠

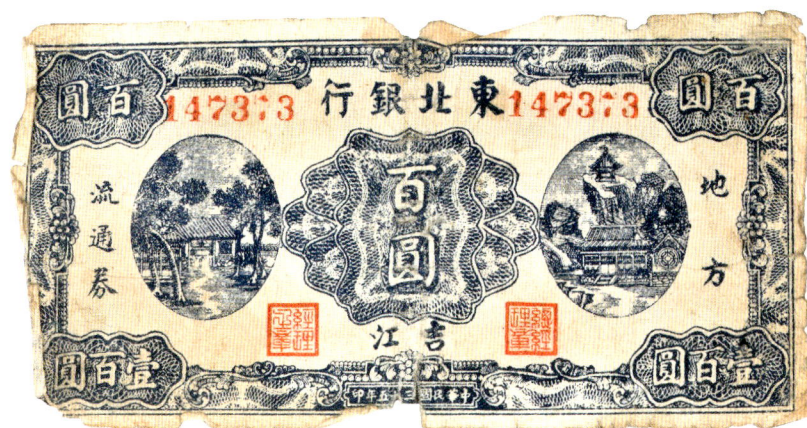

东北银行壹佰元吉江地方流通券

1946 年
纸
周辉捐赠

晋察冀边区银行伍佰元纸币

1946 年
纸
拨交

热河省利民商店拾元流通券

1946 年
纸
拨交

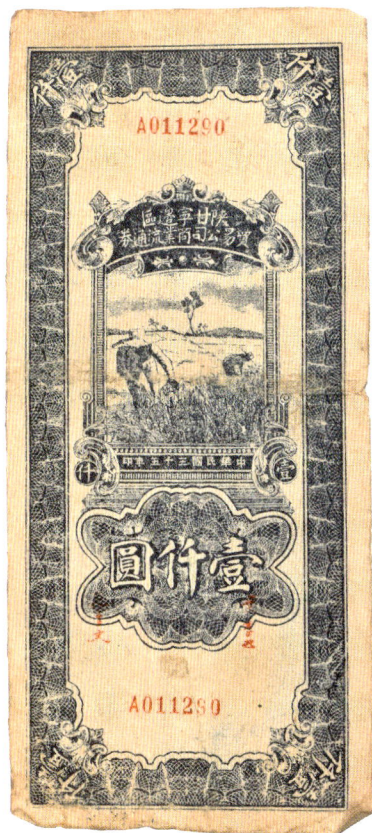

陕甘宁边区贸易公司
壹仟元商业流通券

1946 年
纸
拨交

东北银行伍拾元地方流通券

1947 年
纸
周辉捐赠

东北银行壹佰元地方流通券

1947 年
纸
拨交

热河省银行壹佰元地方流通券

1947 年
纸
拨交

热河省银行贰佰元地方流通券

1947 年
纸
拨交

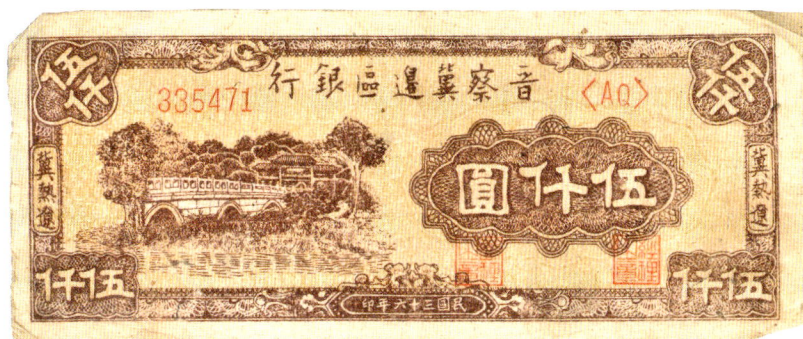

晋察冀边区银行（冀热辽）伍仟元纸币

1947 年
纸
拨交

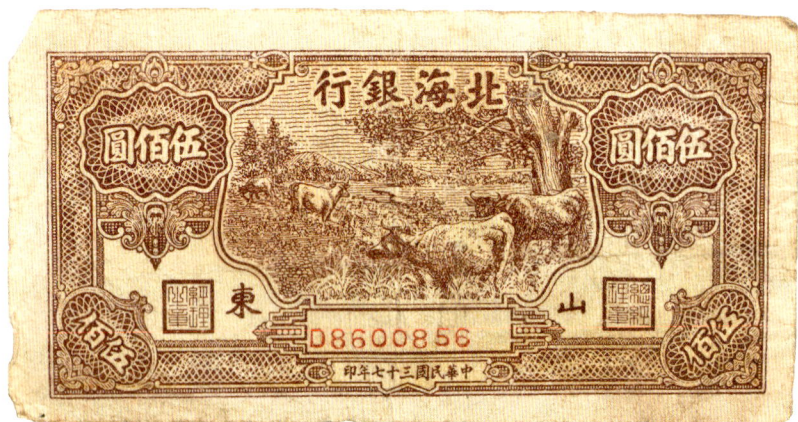

北海银行（山东）伍佰元纸币

1948 年
纸
拨交

东北银行壹仟元地方流通券

1948 年
纸
拨交

东北银行伍仟元地方流通券

1948 年
纸
拨交

冀南银行伍佰元纸币

1948 年
纸
拨交

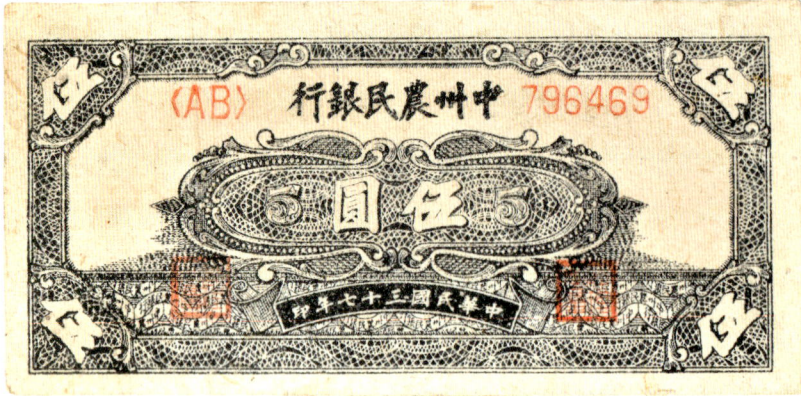

中州农民银行伍元纸币

1948 年
纸
拨交

中州农民银行拾元纸币

1948 年
纸
拨交

中州农民银行贰拾元纸币

1948 年
纸
拨交

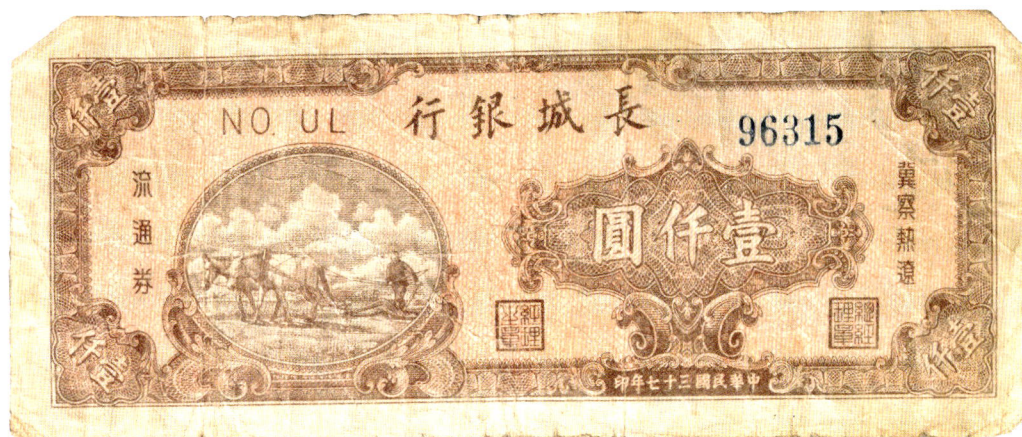

长城银行（冀察热辽）壹仟元流通券

1948 年
纸
拨交

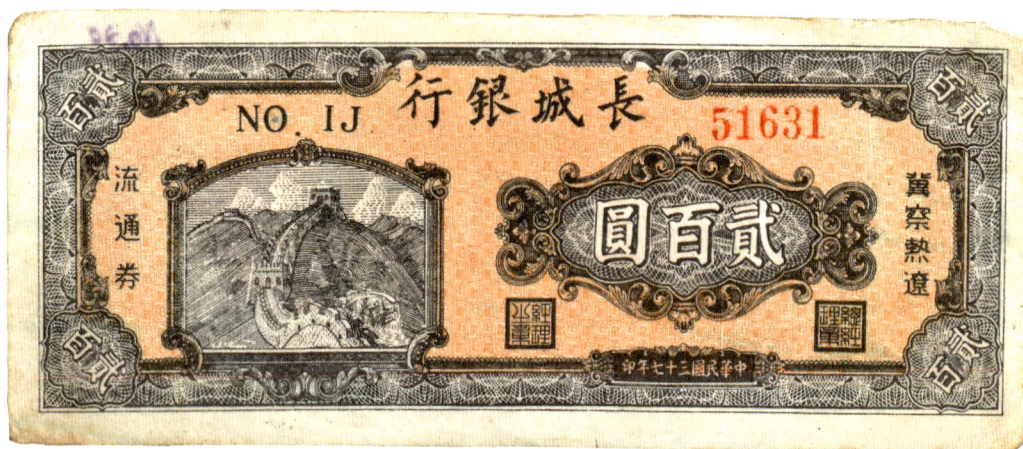

长城银行（冀察热辽）贰佰元流通券

1948 年
纸
拨交

第四野战军后勤供给部伍拾斤马草票

1949 年 3 月
纸
罗启忠捐赠

南方人民银行伍元纸币

1949 年
纸
广州购买

南方人民银行拾元纸币

1949 年
纸
广州购买

军民合作社壹角流通券

1949 年
纸
拨交

中国人民银行拾元纸币

1949 年
纸
周辉捐赠

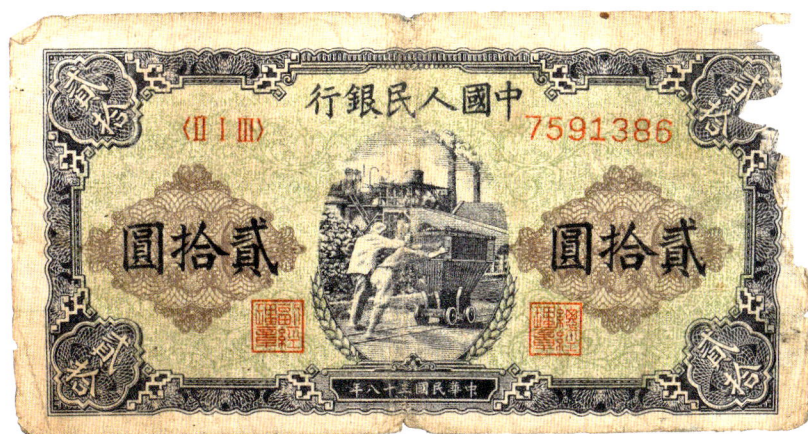

中国人民银行贰拾元纸币

1949 年
纸
周辉捐赠

中国人民银行伍拾元纸币

1949 年
纸
周辉捐赠

中国人民银行壹佰元纸币

1949 年
纸
周辉捐赠

中国人民银行贰佰元纸币

1949 年
纸
周辉捐赠

中国人民银行伍佰元纸币

1949 年
纸
周辉捐赠

中国人民银行壹仟元纸币

1949 年
纸
周辉捐赠

中国人民银行伍拾元纸币票样

1949 年
纸
周辉捐赠

中国人民银行壹佰元纸币票样

1949 年
纸
周辉捐赠

中国人民银行贰佰元纸币票样

1949 年
纸
拨交

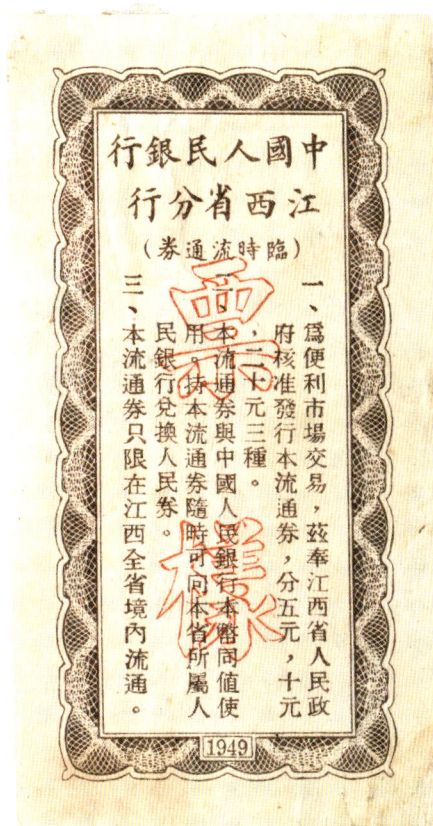

中国人民银行江西省分行
临时流通券票样

1949 年
纸
周辉捐赠

中国人民银行江西省分行
拾元临时流通券票样

1949 年
纸
周辉捐赠

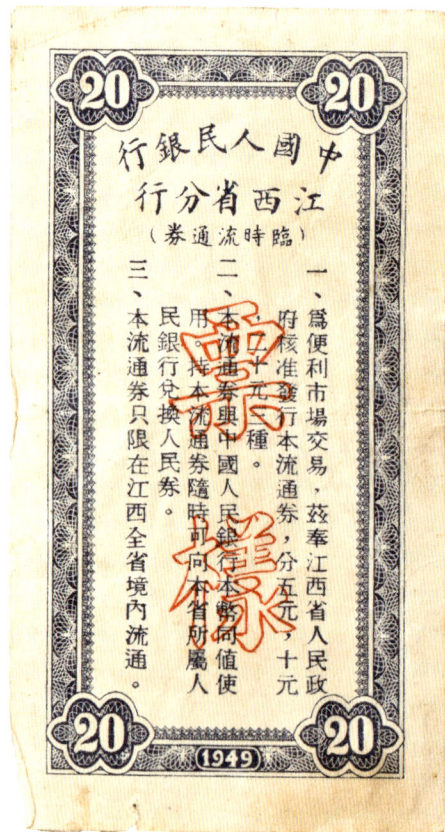

中国人民银行江西省分行
贰拾元临时流通券票样

1949 年
纸
周辉捐赠

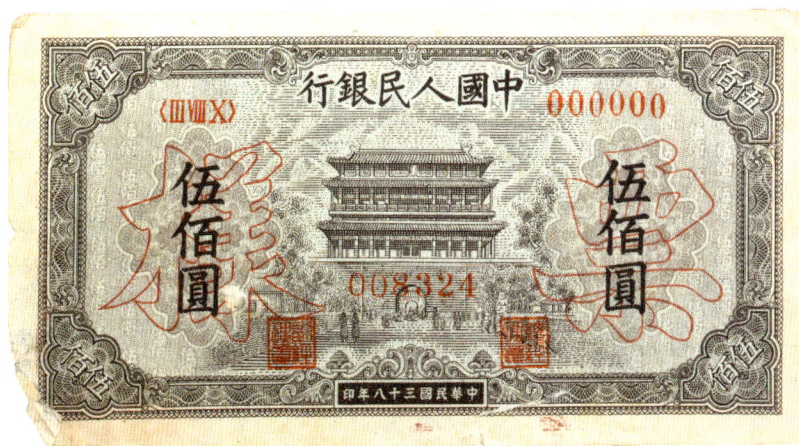

中国人民银行伍佰元纸币票样

1949 年
纸
周辉捐赠

军民合作社伍分流通券

解放战争时期
纸
拨交

印信图章

**广东大埔县第四区敬里乡
农民协会印章**

第一次国内革命战争时期
木
拨交

**广东大埔县第四区南□乡
农民协会印章**

第一次国内革命战争时期
木
拨交

**广东德庆县第三区云贞乡
农民协会印章**

第一次国内革命战争时期
木
拨交

**广东南海县第二区水口村
农民协会印章**

第一次国内革命战争时期
木
邝耀伦捐赠

**广东南海第九区大镇乡
农民协会印章**

第一次国内革命战争时期
木
邝耀伦捐赠

**广东南海县第九区铁杈乡
农民协会印章**

第一次国内革命战争时期
木
邝耀伦捐赠

**广东鹤山县第二区来苏乡
农民协会印章**

第一次国内革命战争时期
木
拨交

广东省农民协会西江办事处印章

第一次国内革命战争时期
木
拨交

广西桂平县宣二区三步岭乡
农民协会印章

第一次国内革命战争时期
木
早期征集

怀南六龙乡农会钤记章

第一次国内革命战争时期

木

拨交

陕甘宁边区火柴厂用过的印模

抗日战争时期
木
拨交

音像制品

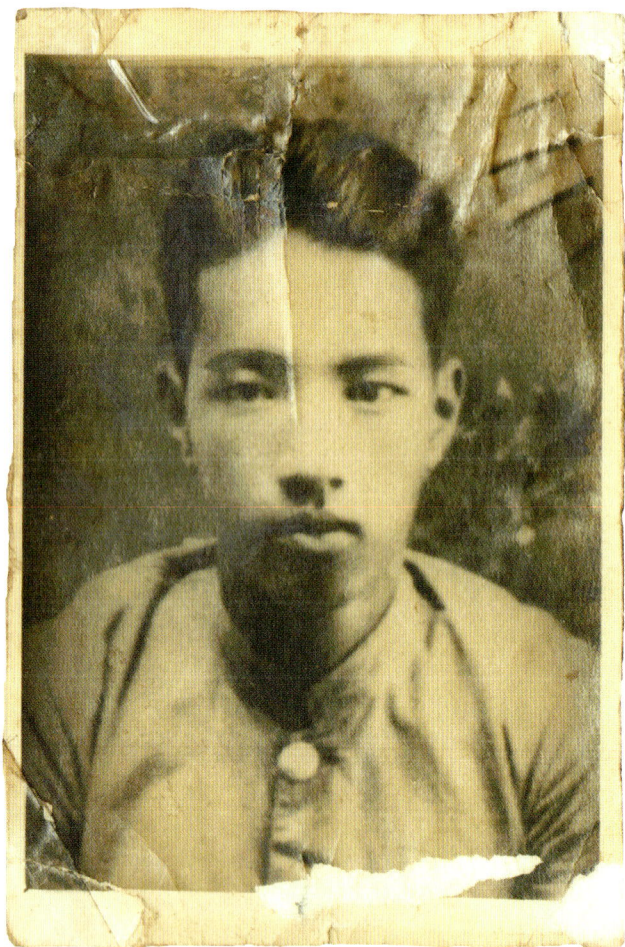

广州起义工人赤卫队队员
吴卓臣烈士照

1927 年
纸
谭清捐赠

曾生夫妻合影

1939 年 11 月 30 日
纸
李群芳捐赠

珠江纵队司令员林锵云
"送给孙文德留念"照片

1948 年
纸
孙文德捐赠

华商报社升旗庆祝中华人民共和国成立的合影

1949 年
纸
庄朝光捐赠

中共中央毛泽东、周恩来、陈云、邓小平、彭德怀、邓子恢等同志接见全国农业劳模代表合影

1957 年 2 月 22 日

纸

詹家洪捐赠

见全国农业劳动模范代表合影 一九五七年二月二十二日

杂项

彭湃用过的茶壶

1924 年
陶
早期征集

周其鉴、陈伯忠在农民运动
临时办事处用过的茶煲

1924 年
陶
拨交

彭湃在广宁指导农民运动时
坐过的椅子

1924 年
木
早期征集

广宁农会正斗

1924 年
木
拨交

广东清远县农军缴获国民党的
发报机零件

1927 年
金属
拨交

南昌起义军在广东大埔县
作战遗留的自制铅笔

1927 年
铜
拨交

彭湃用过的枕头

第一次国内革命战争时期
棉布、塑料
韩铁声捐赠

彭湃用过的碗

第一次国内革命战争时期
瓷
早期征集

彭湃用过的壶

第一次国内革命战争时期
陶
早期征集

第六届农讲所学员徐树芳
用过的煤油灯

第一次国内革命战争时期
陶
徐家瑞捐赠

第六届农讲所学员徐树芳
用过的墨砚

第一次国内革命战争时期
石
徐家瑞捐赠

第六届农讲所学员孙选
用过的藤箱

第一次国内革命战争时期
藤
早期征集

第六届农讲所学员冀三纲
用过的书箩

第一次国内革命战争时期
竹、藤
冀三纲捐赠

广宁县农民协会执行委员郑仁成
用过的煤油灯

第一次国内革命战争时期
玻璃、铁
郑兴珍捐赠

周其鉴指挥作战时用过的怀表

第一次国内革命战争时期
玻璃、金属
周家安捐赠

第六届农讲所学员崔筱斋用过的手表

第一次国内革命战争时期
玻璃、金属
耿毅捐赠

广东南海第九区农民协会常委李羽吉
用过的墨水笔

第一次国内革命战争时期
金属、塑料
邝耀伦捐赠

广东怀集诗洞农会用过的斗

第一次国内革命战争时期
木
拨交

莫振功参加红军时用的小板凳

1928 年
木
拨交

广西田东县坡作乡
苏维埃政府办公室桌铃

1929 年
铁
拨交

红军给农民送饭时用过的箩筐

1934 年
竹
拨交

红四方面军长征途经
四川南坪县遗下的铜壶（缺盖）

1935 年 3 月
铜
拨交

红二方面军长征途中用过的饭盆盖

1935 年
搪瓷
拨交

红军在广东大南山时用过的药膏

第二次国内革命战争时期
植物、玻璃
拨交

红军在广东大南山时用过的电池

第二次国内革命战争时期
金属、纸
拨交

红军在广东大南山水屈洞
用过的瓷盘

第二次国内革命战争时期
瓷
拨交

东江纵队政治部主任杨康华
任中共香港书记时用过的怀表

1939 年
玻璃、金属
刘智莹捐赠

中共香港文化委员会书记连贯
赠送杨康华的派克笔

1939 年
金属、塑料
刘智莹捐赠

东江纵队司令部机要科长杜襟南
使用过的背包

抗日战争时期
皮革
杜襟南捐赠

东江第一支队女战士用过的皮带

抗日战争时期
皮革
张道新捐赠

第六届农讲所学员康富成
用过的手表

抗日战争时期
玻璃、金属
康军捐赠

珠江纵队战士黄江平用过的指南针

抗日战争时期
玻璃、金属
黄南哨捐赠

第六届农讲所学员吴芝圃用过的公文包

抗日战争时期
皮革
侣志广捐赠

三五九旅在大生产运动时用过的镢头

抗日战争时期
铁
拨交

东江纵队战士林英为部队缝制
包袱皮和米袋的缝纫机

解放战争时期
铁、木
林英捐赠

毛泽东视察广州市郊棠下大队时
用过的竹帽

1958 年
竹
拨交

毛泽东视察广州市郊棠下大队时
坐过的长凳

1958 年
木
拨交

周恩来、邓颖超在广州从化温泉宾馆
帮助服务员运送地毯的三轮车

1959 年
木、铁
拨交

江西商业厅送给叶剑英的
粉彩瓷碟

20 世纪 50 年代
瓷
叶剑英资料物品整理保管室捐赠

江西商业厅送给叶剑英的
粉彩瓷茶杯（带盖）

20 世纪 50 年代
瓷
叶剑英资料物品整理保管室捐赠

江西商业厅送给叶剑英的瓷碗

20 世纪 50 年代
瓷
叶剑英资料物品整理保管室捐赠

中国人民志愿军缴获的美军铝饭盒

20 世纪 50 年代
铝
拨交

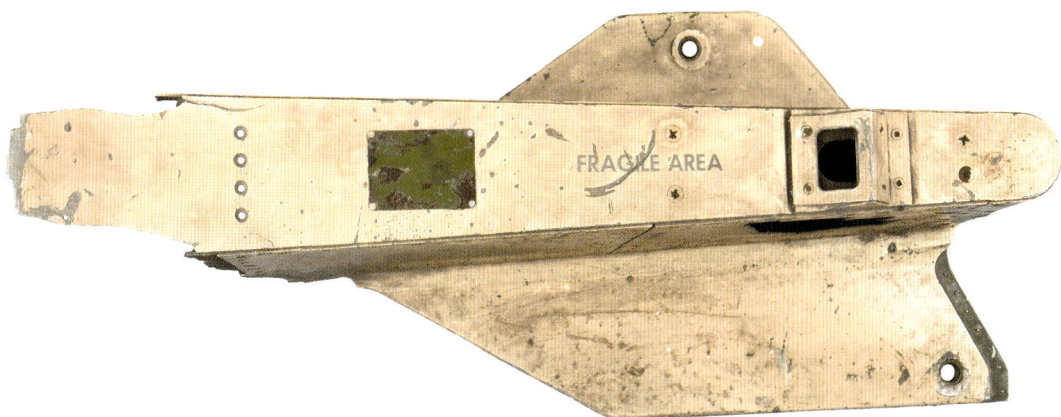

中国人民志愿军缴获的美机残骸碎片

20 世纪 50 年代
金属
拨交

广东省委小岛宾馆工作人员为毛泽东
送饭用的竹提篮

1960 年至 1961 年
竹
拨交

毛泽东在广州主持工作会议时
用过的藤桌

1961 年
竹、藤
拨交

毛泽东在广州主持工作会议时
坐过的藤椅

1961 年
竹、藤
拨交

叶剑英穿过的皮鞋

20 世纪 70 年代
皮革
叶剑英资料物品整理保管室捐赠

叶剑英穿过的布鞋

20 世纪 70 年代
棉麻
叶剑英资料物品整理保管室捐赠

附录

农讲所纪念馆可移动革命文物名录（第一批）

序号	名称	级别	数量（件／套）
1	1926年毛泽东主办第六届农民运动讲习所时主编的《农民问题丛刊》	一级	1
2	1926年中国国民党农民运动讲习所证章	一级	1
3	1953年周恩来"毛泽东同志主办农民运动讲习所旧址"题名手稿	一级	1
4	1921年2月《注意花县共产农团》传单	二级	1
5	1924年《农民协会章程附政府对于农民运动宣言》	二级	1
6	1924年周其鉴、陈伯忠在农民运动临时办事处用过的茶煲	二级	1
7	1924年彭湃用过的茶壶	二级	1
8	1924年广宁农会正斗	二级	1
9	1924年彭湃在广宁指导农民运动时坐过的椅子	二级	1
10	1924年第二届农民运动讲习所学生入学检查表	二级	1
11	1925年广宁农民自卫军用过的竹篙针	二级	1
12	1925年广宁农民自卫军用过的火药炮	二级	1
13	1925年广宁县农民协会借枪条据	二级	1
14	1925年广宁农民自卫军攻打地主武装时用过的禾叉	二级	1
15	1925年《农民运动丛书》第二种:《广宁农民反抗地主始末记》	二级	1
16	1925年国民革命军东征军总指挥部政治部传单《致潮、梅、海、陆丰同志书》	二级	1
17	1925年周恩来委任方展英代理普宁检查分庭检查官令 (附信封)	二级	1
18	1925年12月20日《政治周报》第三期	二级	1
19	1926年1月《中国农民》第一期	二级	1
20	1926年2月《中国农民》第二期	二级	1
21	1926年4月《中国农民》第四期	二级	1
22	1926年4月10日《政治周报》第六、七期合刊	二级	1
23	1926年4月19日《政治周报》第八期	二级	1
24	1926年5月《中国农民》第五期	二级	1
25	1926年5月10日《政治周报》第十一期	二级	1
26	1926年5月17日《政治周报》第十二期	二级	1
27	1926年7月《中国农民》第六、七期合刊	二级	1
28	1926年8月10日《农民运动》第2期	二级	1
29	1926年8月17日《农民运动》第3期	二级	1
30	1926年9月7日《农民运动》第6期	二级	1
31	1926年9月14日《农民运动》第7期	二级	1

（续上表）

序号	名称	级别	数量（件／套）
32	1926年9月21日《农民运动》第8期	二级	1
33	1926年9月28日《农民运动》第9期	二级	1
34	1926年10月5日《农民运动》第10期	二级	1
35	1926年10月12日《农民运动》第11期	二级	1
36	1926年10月19日《农民运动》第12期	二级	1
37	1926年10月26日《农民运动》第13期	二级	1
38	1926年10月《中国农民》第八期	二级	1
39	1926年11月2日《农民运动》第14期	二级	1
40	1926年11月9日《农民运动》第15期	二级	1
41	1926年11月16日《农民运动》第16期	二级	1
42	1926年11月16日《革命》第23期	二级	1
43	1926年11月23日《农民运动》第17期	二级	1
44	1926年11月《中国农民》第九期	二级	1
45	1926年彭湃著《海丰农民运动》	二级	1
46	1926年恽代英编著《中国国民党与劳动运动》	二级	1
47	1926年恽代英编著《中国国民党与农民运动》	二级	1
48	1926年《农民问题丛刊》第1种——《孙中山先生对农民之训词》	二级	1
49	1926年《农民问题丛刊》第8种——《湖南农民运动目前的策略》	二级	1
50	1926年《农民问题丛刊》第9种——《农民合作概论》	二级	1
51	1926年《农民问题丛刊》第10种——《列宁与农民》	二级	1
52	1926年《农民问题丛刊》第11种——《农民国际》	二级	1
53	1926年《农民问题丛刊》第12种——《俄国农民与革命》	二级	1
54	1926年《农民问题丛刊》第13种——《中国农民问题研究》	二级	1
55	1926年《农民问题丛刊》第14种——《土地与农民》	二级	1
56	1926年《农民问题丛刊》第15种——《苏俄之农业政策》	二级	1
57	1926年《农民问题丛刊》第16种——《社会革命与农民运动》	二级	1
58	1926年《农民问题丛刊》第17种——《日德意三国之农民运动》	二级	1
59	1926年《农民问题丛刊》第18种——《广东农民运动概述》	二级	1
60	1926年《农民问题丛刊》第21种——《普宁农民反抗地主始末记》	二级	1
61	1926年《农民问题丛刊》第24种——《全国农业行政机关试验机关及教育机关》	二级	1
62	1926年《农民问题丛刊》第25种——《各国之农业进步及其原因》	二级	1
63	1926年《农民问题丛刊》第26种——《中国之农业生产问题》	二级	1
64	1926年萧楚女编写的农讲所教材：《帝国主义讲授大纲》	二级	1

（续上表）

序号	名称	级别	数量（件/套）
65	1926年萧楚女编述的农讲所教材：《国际主义与民族问题讲义大纲》	二级	1
66	1926年《新青年丛书》第8种：《阶级争斗》	二级	1
67	1926年杨亚仲的陆丰县农民协会会员减租证	二级	1
68	1926年郑保章的陆丰县农民协会会员减租证	二级	1
69	1926年彭荣祖的陆丰县农民协会会员减租证	二级	1
70	1926年温春芳的陆丰县农民协会会员减租证	二级	1
71	1926年第六届农讲所学员王汉民在农讲所时用过的铜脸盆	二级	1
72	1926年《广东第二次全省农民代表大会会场日刊》第5号	二级	1
73	1926年周凯在第六届农讲所学习的听课笔记本（附笔记本的翻译本）	二级	1
74	1926年《农民协会及农民自卫军旗式》	二级	1
75	1927年4月2日湖北新闻报剪辑	二级	1
76	1927年4月17日《农民运动》第22期	二级	1
77	1927年4月24日《农民运动》第23期	二级	1
78	1927年萧楚女著《民族革命运动史大纲》	二级	1
79	1927年《中国国民党中央农民运动讲习所规约》	二级	1
80	1927年《中国国民党中央农民运动讲习所开学纪念特刊》	二级	1
81	1927年《农民问题丛刊》第7种 ——《广东省党部第一次全省代表大会关于农民运动之决议案》	二级	1
82	1927年广东潮阳县南阳上堤乡农会犁头旗	二级	1
83	1927年《河南全省武装农民代表大会宣言》	二级	1
84	1927年南昌起义军在广东大埔县作战遗留的子弹壳	二级	1
85	1927年南昌起义军在广东大埔县作战遗留的弹夹	二级	1
86	1927年南昌起义军在广东大埔县作战遗留的自制铅笔	二级	1
87	第一次国内革命战争时期《中国农运动》	二级	1
88	第一次国内革命战争时期广东曲江县农民协会会员证章	二级	1
89	第一次国内革命战争时期广东省花县农民协会会员证章	二级	1
90	第一次国内革命战争时期广东乐昌县农民协会会员证章	二级	1
91	第一次国内革命战争时期广东高要县农民协会会员证章	二级	1
92	第一次国内革命战争时期广州市郊第一区农民协会证明书	二级	1
93	第一次国内革命战争时期潮梅海陆丰第一次农民代表大会筹备处信封	二级	1
94	第一次国内革命战争时期潮梅海陆丰第一次农民代表大会纪念章	二级	1
95	第一次国内革命战争时期顺德县八区光华乡农民自卫军号带	二级	1
96	第一次国内革命战争时期广东第二次全省农民代表大会旁听证	二级	1

（续上表）

序号	名称	级别	数量（件/套）
97	20世纪20年代孙中山先生头像纪念章	二级	1
98	第一次国内革命战争时期北江农军证章	二级	1
99	第一次国内革命战争时期彭湃穿过的大衣	二级	1
100	第一次国内革命战争时期彭湃用过的枕头	二级	1
101	第一次国内革命战争时期第六届农讲所学员马致远用过的蚊帐	二级	1
102	第一次国内革命战争时期崔筱斋烈士用过的怀表（手表）	二级	1
103	第一次国内革命战争时期周其鉴烈士指挥作战时用过的怀表	二级	1
104	第一次国内革命战争时期广宁农民自卫军用过的剑	二级	1
105	第一次国内革命战争时期广宁农民自卫军攻打地主武装时用过的火药桶	二级	1
106	第一次国内革命战争时期彭湃用过的壶	二级	1
107	第一次国内革命战争时期彭湃用过的碗	二级	1
108	第一次国内革命战争时期第六届农讲所学员徐树芳用过的墨砚	二级	1
109	第一次国内革命战争时期第六届农讲所学员徐树芳用过的煤油灯	二级	1
110	第一次国内革命战争时期农讲所学员孙选用过的藤箱子	二级	1
111	第一次国内革命战争时期广宁县农会章程	二级	1
112	第一次国内革命战争时期北江农军学校学员笔记	二级	1
113	第一次国内革命战争时期邵祝三的广宁农协会会员入会表	二级	1
114	第一次国内革命战争时期邵汝秋的广宁农协会会员入会表	二级	1
115	第一次国内革命战争时期邵火生的广宁农协会会员入会表	二级	1
116	第一次国内革命战争时期邵建林的广宁农协会会员入会表	二级	1
117	第一次国内革命战争时期邵汝鉴的广宁农协会会员入会表	二级	1
118	第一次国内革命战争时期广宁农协会会员邵水弟的入会表	二级	1
119	第一次国内革命战争时期庆祝曲江农工商学联合委员会成立书	二级	1
120	第一次国内革命战争时期传单：敬祝农工商学联合会曲江分会成立并告曲江民众	二级	1
121	1928年广东南雄县第六区高溯乡苏维埃政府布告（第一号）	二级	1
122	1928年农讲所第五届学员谭作舟在狱中写的家信（附信封）	二级	1
123	20世纪20年代第五届农讲所学员谭作舟穿过的衣服	二级	1
124	20世纪20年代第六届农讲所学员霍世杰用过的瓜皮帽	二级	1
125	20世纪20年代第六届农讲所学员霍世杰穿过的袜子	二级	1
126	第二次国内革命战争时期广东兴龙县革委会"保护商民营业"标语	二级	1
127	第二次国内革命战争时期广东兴龙县革委会"打倒豪绅地主"标语	二级	1
128	第二次国内革命战争时期兴龙县革委会 "队兵兄弟不要替豪绅地主落乡收租压榨农民"标语	二级	1

（续上表）

序号	名称	级别	数量（件/套）
129	第二次国内革命战争时期兴龙县革委会 "苏维埃政权是工农兵自己的政权" 标语	二级	1
130	第二次国内革命战争时期兴龙县革委会 "欢迎警卫队队兵兄弟拖枪到红军去" 标语	二级	1
131	第二次国内革命战争时期革命商民联合会标语	二级	1
132	抗日战争时期康富成烈士用过的手表	二级	1
133	抗日战争时期吴芝圃用过的公文包	二级	1
134	抗日战争时期梁未闻用过的延安土产羊毛花毯	二级	1
135	20世纪50年代江西商业厅送叶剑英主席的粉彩瓷茶杯（带盖）	二级	1
136	20世纪50年代江西商业厅送叶剑英主席的粉彩瓷碟	二级	1
137	20世纪50年代江西商业厅送叶剑英主席的瓷碗	二级	1
138	1976年叶剑英元帅指挥逮捕 "四人帮" 时穿的军装	二级	1
139	20世纪70年代叶剑英元帅穿过的皮鞋	二级	1
140	20世纪70年代叶剑英元帅穿过的布鞋	二级	1
141	1980年叶剑英元帅视察广东时穿的衣服	二级	1
142	1917年3月《新青年》第三卷全卷	三级	1
143	1919年9月至1920年6月《北京大学广东同乡名册》（民国八年九月至民国九年六月《北京大学广东同乡名册》）	三级	1
144	1923年《陈独秀先生讲演录》	三级	1
145	1923年3月广东青湖约鳌头乡易乡周氏的农会会员证	三级	1
146	1924年《广东全省青年运动人员大会宣言及决议案》	三级	1
147	1924年《向导周报》第82期	三级	1
148	1924年《向导周报》第87期	三级	1
149	1924年《新建设》第一卷第三期	三级	1
150	1924年12月6日《中国青年》第56期	三级	1
151	1924年8月28日《革命军》之《东江战役》(1924年《革命军——东江战役》)	三级	1
152	1924年9月11日农工旬刊社印行《农民协会之利益及其组织法》	三级	1
153	1924年9月18日《革命军》	三级	1
154	1924年广西东兰县长乐区农民自卫军用过的火药袋	三级	1
155	1924年广西东兰县长乐区农民自卫军用过的子弹袋	三级	1
156	1924年中国国民党中央执行委员会宣传部发行《告农民书》	三级	1
157	1925年10月20日《新学生》第5期	三级	1
158	1925年11月《中国共产党告农民书》	三级	1
159	1925年11月《中国青年》第101期	三级	1
160	1925年11月20日《中国青年》第102期	三级	1

（续上表）

序号	名称	级别	数量（件／套）
161	1925年11月广东五华嵩头约柏洋乡钟氏的农会会员证	三级	1
162	1925年12月12日《中国青年》第105期	三级	1
163	1925年12月29日《中国青年》第106期	三级	1
164	1925年12月6日《中国青年》第104期	三级	1
165	1925年12月广东五华安流约低坑乡李氏的农会会员证	三级	1
166	1925年1月2日《中国青年》第108期	三级	1
167	1925年1月东征军总指挥部政治部传单：列宁逝世二周年纪念日告工人	三级	1
168	1925年2月大安约大公寮乡谭氏的农会会员证	三级	1
169	1925年4月22日《新青年》列宁号 第一号	三级	1
170	1925年4月25日《革命军》	三级	1
171	1925年4月广东五华安流大都约嵩头乡邓氏的农会会员证	三级	1
172	1925年5月1日《革命军》之《五月论文》	三级	1
173	1925年5月广东五华安流大都约嵩头乡邓氏的农会会员证	三级	1
174	1925年5月广东五华县农民协会筹备处委任状（附信封）	三级	1
175	1925年6月杨晟合的广东陆丰县农民协会会员证	三级	1
176	1925年7月1日《广东妇女解放协会会刊》第一期	三级	1
177	1925年7月温春芳的陆丰县农会会员证	三级	1
178	1925年9月16日《新学生》第三期	三级	1
179	1925年9月9日《香港学生》第二期	三级	1
180	1925年9月中国青年社编印《马克思主义浅说》	三级	1
181	1925年邓中夏著《省港罢工概观》	三级	1
182	1925年广东高要领村乡农民自卫军证	三级	1
183	1925年广东五华黄龙约船塘乡钟氏的农会会员证	三级	1
184	1925年广东西坑约横流坑乡张氏的农会会员证	三级	1
185	1925年广宁农民自卫军攻打地主武装用过的子弹	三级	1
186	1925年广宁农民自卫军攻打地主武装用过的子弹（有弹夹）	三级	1
187	1925年广宁县茶溪里农民入会簿	三级	1
188	1925年广西东兰县长乐区农民自卫军装火药用的火药葫芦	三级	1
189	1925年国民革命军总司令部政治部编印《革命史上几个重要纪念日》	三级	1
190	1925年农民丛书第4种《国民政府之统一广东政策与反革命势力》	三级	1
191	1925年农民丛书第5种《广东省党部代表大会关于农民运动之决议案》	三级	1
192	1925年青年政治宣传会印行《帝国主义与中国》	三级	1
193	1925年统一广东各界代表大会印的"慰劳国民革命军凯旋战士"传单	三级	1

（续上表）

序号	名称	级别	数量（件／套）
194	1925 年向导周报三周年纪念初版《不平等条约》	三级	1
195	1925 年萧楚女著《显微镜下之醒狮派》	三级	1
196	1925 年杨幼炯著《英帝国主义与中国》	三级	1
197	1925 年至 1926 年《人民周刊》第 1、2、3 期合订本	三级	1
198	1925 年至 1926 年工农运动小册子合订本	三级	1
199	1926 年《对国家主义派的反攻》第二集	三级	1
200	1926 年《犁头旬报》第 1 期	三级	1
201	1926 年《犁头旬报》第 7 期	三级	1
202	1926 年《犁头旬报》第 8 期	三级	1
203	1926 年《犁头周报》第 13 期	三级	1
204	1926 年《犁头周报》第 15 期	三级	1
205	1926 年《犁头周报》第 16 期	三级	1
206	1926 年《向导周报》第 151 期	三级	1
207	1926 年《向导周报》第 155 期	三级	1
208	1926 年《向导周报》第 158 期	三级	1
209	1926 年《向导周报》第 159 期	三级	1
210	1926 年《向导周报》第 162 期	三级	1
211	1926 年《向导周报》第 171 期	三级	1
212	1926 年《向导周报》第 172 期	三级	1
213	1926 年《战士旬刊》第 12 期（五卅特刊）	三级	1
214	1926 年《战士旬刊》第 13 期	三级	1
215	1926 年《战士周报》第 17 期	三级	1
216	1926 年 10 月 10 日再版《中国共产党五年来之政治主张》	三级	1
217	1926 年 10 月广东中山县第四区四大都区农会给所属各乡农会信件（附信封）	三级	1
218	1926 年 10 月中国国民党广东省执行委员会农民部敬祝贺年卡（1926 年 10 月贺年卡）	三级	1
219	1926 年 11 月《澄中学生》第一卷第二期	三级	1
220	1926 年 11 月 21 日《少年先锋》第一卷第九期	三级	1
221	1926 年 11 月 25 日《农工》第 23 期	三级	1
222	1926 年 11 月广东揭阳农民自卫军第二次野外演习笔记	三级	1
223	1926 年 11 月中国国民党工人运动宣传委员会编印《工人运动须知》	三级	1
224	1926 年 12 月 10 日《广东学生》第 2 期	三级	1
225	1926 年 12 月 11 日《中国学生》第 45 期	三级	1
226	1926 年 12 月 4 日《中国学生》第 44 期	三级	1

（续上表）

序号	名称	级别	数量（件／套）
227	1926年12月湖南农民第一次全省代表大会宣言及决议案	三级	1
228	1926年1月16日《中国青年》第110期	三级	1
229	1926年1月23日《中国青年》第111期	三级	1
230	1926年1月25日《革命周报》第四期	三级	1
231	1926年1月30日《中国青年》第112期	三级	1
232	1926年1月4日《中国青年》第107期	三级	1
233	1926年1月9日《中国青年》第109期	三级	1
234	1926年2月11日《广州民国日报》	三级	1
235	1926年2月20日《中国青年》第114期	三级	1
236	1926年2月27日《中国青年》第115期	三级	1
237	1926年3月国民革命军中央军事政治学校政治部印《廖党代表讲演集》	三级	1
238	1926年3月中国国民党曲江执行委员会宣传部"为沙基惨案敬告民众"传单	三级	1
239	1926年4月3日《中国青年》第118期	三级	1
240	1926年4月6日《人民周刊》第8期	三级	1
241	1926年4月汕头罢工工人凭证	三级	1
242	1926年5月1日广东省农民协会"五一"劳动节告农民书	三级	1
243	1926年5月初版《中国共产党五年来之政治主张》	三级	1
244	1926年6月23日《青白花》第十三期之《沙基血痕》	三级	1
245	1926年7月17日《中国青年》第127期	三级	1
246	1926年7月24日《中国青年》第128期	三级	1
247	1926年7月广东乐洞约某乡孟氏的农会会员证	三级	1
248	1926年8月20日《人民周刊》第19期	三级	1
249	1926年9月1日《商民运动》第一期	三级	1
250	1926年9月21日《中国青年》第134期	三级	1
251	1926年9月国民政府对农民运动第三次宣言	三级	1
252	1926年邓中夏著《省港罢工中之中英谈判》	三级	1
253	1926年第六届农讲所学员冀三纲穿过的裤子	三级	1
254	1926年第六届农讲所学员用过的擦面牙粉袋	三级	1
255	1926年广东北楼约蛇塘乡张氏的农会会员证	三级	1
256	1926年广东大埔县农民自卫军袖章（圆形）	三级	1
257	1926年广东大埔县农民自卫军袖章（长方形）	三级	1
258	1926年广东南楼约乐洞乡卓氏的农会会员证	三级	1
259	1926年广东省农民协会印《"五一"劳动节告农民书》	三级	1

（续上表）

序号	名称	级别	数量（件/套）
260	1926年广东五华大都约大都乡廖氏的农会会员证	三级	1
261	1926年广东五华县农民自卫军作战时用以防火沙和弹片的竹帽	三级	1
262	1926年国民革命军总司令部政治部印行《国民革命与农民》	三级	1
263	1926年国民革命军总司令部政治部印行《我们工作的鳞爪》	三级	1
264	1926年农民丛书第6种《农民合作概论》	三级	1
265	1926年农民丛书第7种《社会主义与农业问题》	三级	1
266	1926年农民运动丛书第八种《中国农民运动近况》	三级	1
267	1926年农民运动丛书第二种《广东农民运动概述》	三级	1
268	1926年农民运动丛书第七种《农民运动须知》	三级	1
269	1926年瞿秋白著《社会科学概论》	三级	1
270	1926年曲江各界苏俄十月革命九周年纪念大会传单	三级	1
271	1926年阮啸仙著《论说文集》	三级	1
272	1926年韶州各界抗英援韩讨孙示威运动大会宣言	三级	1
273	1926年韶州学生联合会传单：为抗英援韩大会告民众	三级	1
274	1926年王伊维译、瞿秋白校《新社会观》	三级	1
275	1926年萧楚女著《社会科学概论》	三级	1
276	1926年英德吴东潮的广东全省农民协会会员证	三级	1
277	1926年英德吴亚熙的广东全省农民协会会员证	三级	1
278	1926年中国青年社编印《帝国主义浅说》	三级	1
279	1926年中国青年社丛书第2种《唯物史观》	三级	1
280	1926年中国少年儿童队符号	三级	1
281	1927年《犁头周报》第23期	三级	1
282	1927年《向导周报》第184期	三级	1
283	1927年《战士周报》第33期	三级	1
284	1927年11月12日广东省农民协会北江办事处传单：总理诞辰纪念日告民众	三级	1
285	1927年1月11日《广州学生》第5期	三级	1
286	1927年1月20日《广东商民》第三期	三级	1
287	1927年1月7日《湖北农民》第12期	三级	1
288	1927年2月广东省党部宣传部印《孙中山与列宁》	三级	1
289	1927年2月小学教师养成所毕业证书	三级	1
290	1927年3月广东德庆县第二区农会成立请柬	三级	1
291	1927年4月21日广东海康县农民协会第二次全县代表大会宣言	三级	1
292	1927年5月江西全省第一次农民代表大会宣言及决议案	三级	1

（续上表）

序号	名称	级别	数量（件/套）
293	1927年德庆江萼芳的广东全省农民协会会员证	三级	1
294	1927年反动传单：国民革命军官兵为"六二三"沙基惨案告梅县民众书	三级	1
295	1927年各省世界书局发行的《帝国主义问答》	三级	1
296	1927年广东清远县农军缴获国民党的发报机零件	三级	1
297	1927年广东五华洋坪约流坑乡古氏的农会会员证	三级	1
298	1927年广州起义牺牲的工人赤卫队队员吴卓臣烈士的遗照	三级	1
299	1927年广州市郊张根的广东全省农民协会会员证	三级	1
300	1927年国民革命军第一军第二补充团传单《为纪念沙基惨案告梅县民众书》	三级	1
301	1927年秋收起义时工农革命军使用的大刀	三级	1
302	1927年秋收起义时工农革命军使用的梭标头	三级	1
303	1927年瞿秋白译《无产阶级之哲学——唯物论》	三级	1
304	1927年顺德邓文皋的广东全省农民协会会员证	三级	1
305	1927年英德黄文钦的广东全省农民协会会员证	三级	1
306	1927年英德钟良材的广东全省农民协会会员证	三级	1
307	1927年恽代英《中国民族革命运动史》	三级	1
308	1928年红军在黄洋界保卫战使用的武器——木棍	三级	1
309	1928年莫振功参加红军带用的小板凳	三级	1
310	1929年12月中国国民党中央执行委员会宣传部印《改组派之真面目》	三级	1
311	1929年5月红军第十六师第四十六团布告第2号	三级	1
312	1929年第六届农讲所学员梁业广读过的书《社会革命论》	二级	1
313	1929年东区赤卫队袖章	三级	1
314	1929年广西田东县坡作乡苏维埃政府办公室铜铃	三级	1
315	1929年游击队臂章	三级	1
316	1930年3月闽西第一次工农兵代表大会宣言及决议案	三级	1
317	1930年红军伤员送给村民的眼镜	三级	1
318	1930年江西共青团员胡椿为苏维埃政府送情报的提篮	三级	1
319	1930年至1931年湖南浏阳九区第一乡赤卫队袖章	三级	1
320	1930年中心出版社印行国民党军令部报告《晋冀各省不幸事件》	三级	1
321	1931年贵州农民赤卫队缴获的烟灯	三级	1
322	1932年10月中共苏区中央局宣传部编《土地问题》	三级	1
323	1932年12月湘鄂赣省短期公债券伍角	三级	1
324	1932年12月中华苏维埃共和国湘赣省革命战争公债券壹元	三级	1
325	1932年5月13日农民马氏卖断粮田契	三级	1

（续上表）

序号	名称	级别	数量（件／套）
326	1932年6月中华苏维埃共和国革命战争公债券伍角	三级	1
327	1932年中华苏维埃共和国国家银行纸币贰角	三级	1
328	1932年中华苏维埃共和国国家银行纸币伍分	三级	1
329	1932年中华苏维埃共和国国家银行纸币壹角	三级	1
330	1932年中华苏维埃共和国国家银行纸币壹元	三级	1
331	1933年10月10日《中央政府关于土地斗争中一些问题的决定》	三级	1
332	1933年10月湘鄂赣省二期革命战争公债券伍角	三级	1
333	1933年11月中华苏维埃共和国湘赣省革命战争公债券伍角	三级	1
334	1933年12月15日司法人民委员会《苏维埃法典》（第二集）	三级	1
335	1933年7月中华苏维埃共和国湘赣省革命战争公债券伍角	三级	1
336	1933年8月茶陵县委妇委会印《党团员须知》	三级	1
337	1933年中华苏维埃共和国国家银行纸币伍角	三级	1
338	1933年中华苏维埃共和国国家银行纸币壹元	三级	1
339	1933年中华苏维埃共和国经济建设公债券伍元	三级	1
340	1933年中华苏维埃共和国铜币贰角	三级	1
341	1934年5月周恩来、张闻天合著《武装上前线》	三级	1
342	1934年6月16日粤赣省印发的每人节约三升米捐助红军收据第三联	三级	1
343	1934年7月1日闽浙赣省苏政府粉碎敌人五次围攻决战公债券壹元	三级	1
344	1934年红军使用的刺刀	三级	1
345	1934年红军使用的大刀	三级	1
346	1934年红军使用的丁字锄	三级	1
347	1934年红军使用的炮弹箱	三级	1
348	1934年红军使用的手榴弹	三级	1
349	1934年红军使用过的梭标头	三级	1
350	1934年红军送饭给农民时用过的箩筐	三级	1
351	1934年红军送给带路农民的棉衣	三级	1
352	1934年红军在大别山作战时缴获国民党保安团的皮带	三级	1
353	1934年红军长征途中使用的箩筐	三级	1
354	1934年早期妇女运动干部陈秀慧（陈弱兰）的厦门美术学校毕业证书	三级	1
355	1934年中华苏维埃共和国国家银行纸币贰角	三级	1
356	1934年中华苏维埃共和国粮食人民委员部一斤六两米票	三级	1
357	1935年《告同胞书》背面的抗战宣传手稿《各位亲爱的同胞们》	三级	1
358	1935年12月13日《国立中山大学日报》	三级	1

（续上表）

序号	名称	级别	数量（件/套）
359	1935年12月国立中山大学全体员生抗日救国大会会议记录	三级	1
360	1935年12月上海少年真理报社出版《中国红军的西征》油印本	三级	1
361	1935年3月红四方面军长征途经四川南坪县遗下的铜壶（无盖）	三级	1
362	1935年国立中山大学湖南同学会为援助北平学生示威运动劝告国人的传单	三级	1
363	1935年红二方面军长征途中用过的饭盆盖	三级	1
364	1935年红军帽子	三级	1
365	1935年红军战士送给李清白的布挂包	三级	1
366	1935年红三十军长征途中用过的洋瓷盘	三级	1
367	1935年中华苏维埃共和国经济建设公债券伍元	三级	1
368	1936年1月10日抗日日刊第六期《扩大抗日宣传特刊》	三级	1
369	1936年东江纵队司令员曾生在香港当海员时穿过的裤子	三级	1
370	1936年米夫著《中国共产党英勇奋斗的十五年》	三级	1
371	1937年《解放》周刊第一卷1—10期合订本	三级	1
372	1937年《解放》周刊第一卷第11至20期合订本	三级	1
373	1937年12月18日鹤山县民众抗敌后援会编印的《宣传纲要》	三级	1
374	1937年12月20日抗战报告丛书《第八路军》	三级	1
375	1937年3月钟亚禄的广东陆丰县农民协会会员证	三级	1
376	1937年抗日救国小册子《最后关头》	三级	1
377	1937年武装部科长蓝振翘的背包	三级	1
378	1937年在山西道口战斗中缴获的皮带	三级	1
379	1938年《解放》第31—40期合订本	三级	1
380	1938年《游击队》第9期	三级	1
381	1938年10月统战部编《抗日民族统一战线》	三级	1
382	1938年11月中国共产党闽西南、潮梅委员会对时局宣言	三级	1
383	1938年11月周恩来、博古合著《论目前抗战形势》	三级	1
384	1938年2月23日毛泽东与延安新中华报记者其光的谈话《关于"一党专政"》	三级	1
385	1938年4月1日《中国国民党总章》	三级	1
386	1938年4月周恩来等著《怎样进行持久抗战》	三级	1
387	1938年八路军臂章	三级	1
388	1938年第六届农讲所学员张明远用过的笔记本	三级	1
389	1938年中共扩大的六中全会专刊《解放》	三级	1
390	1939年《八路军军政杂志》创刊号、2、5期合订本	三级	1
391	1939年3月项英著《新四军抗战一年来的经验与教训》	三级	1

（续上表）

序号	名称	级别	数量（件/套）
392	1939年八路军臂章	三级	1
393	1939年曾生送给李群芳的夫妻合影照	三级	1
394	1939年东江纵队政治部主任杨康华任中共香港书记时用的怀表	三级	1
395	1939年洛浦、凯丰、朱德等《抗日民族统一战线指南》第5册	三级	1
396	1939年手榴弹袋	三级	1
397	1939年中共香港文化委员会书记连贯赠给杨康华的派克笔	三级	1
398	1940年11月9日朱德、彭德怀、叶挺、项英致何参谋总长、白副参谋总长电	三级	1
399	1940年7月9日广东省地政局始兴县地政处发给萧海航的土地所有权状	三级	1
400	1940年光华商店代价券柒角伍分	三级	1
401	1940年光华商店代价券伍角	三级	1
402	1940年西北农民银行壹元纸币	三级	1
403	1941年陕甘宁边区银行拾元纸币	三级	1
404	1941年陕甘宁边区银行伍元纸币	三级	1
405	1941年陕甘宁边区银行壹角纸币	三级	1
406	1941年西北农民银行伍元纸币	三级	1
407	1941年新四军战士李传鼎在皖西缴获的广西军线织绑腿	三级	1
408	1942年陕甘宁边区银行储蓄奖券伍元	三级	1
409	1942年西北农民银行拾元纸币	三级	1
410	1943年《七一中共22周年，七七抗战第6周年》纪念专刊	三级	1
411	1943年东江纵队卫生员王开使用过的打针器皿	三级	1
412	1943年广东云浮县长丰乡石凹村官僚地主苏杰文剥削农民账簿	三级	1
413	1943年陕甘宁边区银行贰佰元纸币	三级	1
414	1943年陕甘宁边区银行伍拾元纸币	三级	1
415	1944年11月25日油印《中共广东省委为挽救广东全面沦陷危机坚持对敌斗争宣言》	三级	1
416	1944年11月2日《肃清对国民党和蒋介石的错误思想—在职干部个半月学习计划》	三级	1
417	1944年12月东江军政干部学校政治教育参考资料《毛泽东给林彪的信》	三级	1
418	1944年5月出版的郭沫若著《甲申三百年祭》	三级	1
419	1944年8月八路军山东胶东军区政治部制八路军新四军敌后抗日根据地形势图	三级	1
420	1944年8月陕西绥德分区文教大会秘书处印《大众黑板报》	三级	1
421	1944年攻打山东祈格庄时民兵缴获的敌军裤	三级	1
422	1944年珠江纵队战士李成俊在中山五桂山领到的学习材料	三级	1
423	1944年珠江纵队战士李成俊在中山五桂山时的学习笔记	三级	1
424	1945年1月15日广东人民游击队珠江纵队成立宣言	三级	1

（续上表）

序号	名称	级别	数量（件/套）
425	1945年1月东江游击队印发《对东江当局暴行的控诉》	三级	1
426	1945年9月24日广东士兵政治生活之简报《士兵之友》（1）	三级	1
427	1945年第六届农讲所学员王建功用过的毛毯	三级	1
428	1945年东北银行（辽东）伍拾元纸币	三级	1
429	1945年东北银行（辽东）伍元纸币	三级	1
430	1945年东江游击队油印小册子《时论汇集》（4）	三级	1
431	1945年广州受降典礼纪念章	三级	1
432	1945年晋察冀边区银行（冀热辽）50元纸币	三级	1
433	1945年晋察冀边区银行（冀热辽）拾元纸币	三级	1
434	1945年晋察冀边区银行10元纸币	三级	1
435	1945年民治日报	三级	1
436	1945年陕甘宁边区贸易公司商业流通券伍元	三级	1
437	1945年西江人民抗日义勇队传单：反对内战 弃暗投明	三级	1
438	1946年1月1日建国日报元旦增刊	三级	1
439	1946年3月东北书店印行的《政治协商会议文献》	三级	1
440	1946年5月新穗出版社编印特种丛刊之一《中国人民无可补偿的损失》	三级	1
441	1946年东安地区实业银行地方流通券10元	三级	1
442	1946年东北银行吉江地方流通券100元	三级	1
443	1946年东北银行吉江流通券10元	三级	1
444	1946年东北银行吉江流通券5元	三级	1
445	1946年东北银行辽西地区地方流通券100元	三级	1
446	1946年东北银行辽西地区地方流通券10元	三级	1
447	1946年东北银行辽西地区地方流通券50元	三级	1
448	1946年东北银行辽西地区地方流通券5元	三级	1
449	1946年东江纵队北江支队第一大队大队长郑戈的广东中共武装人员证	三级	1
450	1946年东江纵队北江支队第一大队大队长郑戈的中共广东武装人员北上证	三级	1
451	1946年东江纵队战士何小林乘美国军舰北撤时用过的金属匙羹	三级	1
452	1946年东江纵队战士杨彩萍北撤后穿的军上衣	三级	1
453	1946年缴获国民党新六军22师的角度尺	三级	1
454	1946年缴获新六军22师的子弹袋	三级	1
455	1946年晋察冀边区银行500元纸币	三级	1
456	1946年辽北省第一专区兑换券拾元	三级	1
457	1946年嫩江省银行10元纸币	三级	1

（续上表）

序号	名称	级别	数量（件/套）
458	1946年热河省利民商店流通券10元	三级	1
459	1946年陕甘宁边区贸易公司商业流通券壹仟元	三级	1
460	1946年上海商务印书馆发行罗香林著《国父家世源流考》	三级	1
461	1946年香港达德学院学生黄素心的学生证	三级	1
462	1946年香港达德学院学生黄志光的学生证	三级	1
463	1946年心韦编著《毛泽东领导政治斗争录》	三级	1
464	1946年用树皮和臭碱染成的灰土布	三级	1
465	1946年粤北游击队队员的上衣	三级	1
466	1946年珠江纵队第二支队顺德大队妇女委员谭清用过的瑞士表	三级	1
467	1947年10月两广纵队战士叶祥（叶常）的入党志愿书	三级	1
468	1947年12月20日解放战士证明书	三级	1
469	1947年6月南路纵队发动群众自制的黑布被单	三级	1
470	1947年8月粤桂边区人民解放军新三团政治处编印《文化课本》油印本	三级	1
471	1947年9月20日电讯汇辑：人民解放军全国性战略大反攻	三级	1
472	1947年9月粤桂边区人民解放军政治部编《人民军队特辑》油印本	三级	1
473	1947年东北银行地方流通券100元	三级	1
474	1947年东北银行地方流通券500元	三级	1
475	1947年东北银行地方流通券50元	三级	1
476	1947年晋察冀边区银行（冀热辽）5000元纸币	三级	1
477	1947年晋察冀边区银行5000元纸币	三级	1
478	1947年抗日纪念章	三级	1
479	1947年热河省银行地方流通券100元	三级	1
480	1947年热河省银行地方流通券200元	三级	1
481	1947年人民解放军军服上衣	三级	1
482	1947年香港达德学院学生陈曼芬的学生证	三级	1
483	1947年香港达德学院学生陈影祥的学生证	三级	1
484	1947年香港达德学院学生高山的学生证	三级	1
485	1947年香港达德学院学生吕波涛的学生证	三级	1
486	1947年原珠江纵队司令员林锵云送给李进阶的羊毛大衣	三级	1
487	1947年庄朝光的《华商报》派报员证	三级	1
488	1948年"四平建功"奖旗	三级	1
489	1948年"英雄连"旗帜	三级	1
490	1948年《达德新闻》第六期	三级	1

（续上表）

序号	名称	级别	数量（件/套）
491	1948年《关于中国职工运动当前任务的决议》	三级	1
492	1948年10月1日人民解放军总司令命令：惩处战争罪犯	三级	1
493	1948年11月16日潮汕团结报社油印：中共中央负责人评军事形势	三级	1
494	1948年12月人民解放军攻打张家口战斗中缴获的罗盘指北针	三级	1
495	1948年1月19日解放军战士薛志邦的入党志愿书	三级	1
496	1948年2月团结报社油印毛泽东文章《目前形势和我们的任务》	三级	1
497	1948年3月15日中共华东中央局编印《斗争》第七期	三级	1
498	1948年3月中国人民解放军东北军区政治部出版的《整党整军文摘》	三级	1
499	1948年6月粤桂边区人民解放军政治部油印毛泽东文章《中国革命与中国共产党》	三级	1
500	1948年7月广宁县第三区行政督导处布告	三级	1
501	1948年7月粤桂边区人民解放军新三团政治处油印毛泽东《整顿学风党风文风》	三级	1
502	1948年8月团结报社油印毛泽东文章《中国革命与中国共产党》	三级	1
503	1948年8月中共西北中央军宣传部编的《党员课本》	三级	1
504	1948年9月东北书店辽北分店印的干部学习材料	三级	1
505	1948年9月新民主出版社油印《红军第四军第九次代表大会决议案》	三级	1
506	1948年北海银行（山东）500元纸币	三级	1
507	1948年东北银行地方流通券1000元	三级	1
508	1948年东北银行地方流通券5000元	三级	1
509	1948年广东反征救命团河洞队给新任河洞乡长世经先生的信	三级	1
510	1948年广东西江人民义勇队印发的筹粮收据	三级	1
511	1948年冀南银行500元纸币	三级	1
512	1948年解放东北纪念章	三级	1
513	1948年山东省章历县秋季公粮收据	三级	1
514	1948年授予杜其的第六次全国劳动大会纪念章	三级	1
515	1948年文件《坚持职工运动的正确路线反对"左"倾冒险主义》	三级	1
516	1948年香港达德学院的秋季招生简章	三级	1
517	1948年香港达德学院学生黄志光的生活指导委员会委员聘书	三级	1
518	1948年香港达德学院学生黄志光的生活指导委员会助理员聘书	三级	1
519	1948年香港达德学院院务第八次会议记录	三级	1
520	1948年原珠江纵队司令员林锵云"送给孙文德留念"的照片	三级	1
521	1948年长城银行冀察热辽流通券1000元	三级	1
522	1948年长城银行冀察热辽流通券200元	三级	1
523	1948年之江大学给周曾铮的劝退书	三级	1

（续上表）

序号	名称	级别	数量（件/套）
524	1948年中共中央晋绥分局印的《布尔塞维克成功底基本条件之一》	三级	1
525	1948年中州农民银行10元纸币	三级	1
526	1948年中州农民银行20元纸币	三级	1
527	1948年中州农民银行5元纸币	三级	1
528	1949年《华商报》社在天台升旗庆祝中华人民共和国成立的合影照	三级	1
529	1949年《纪念"八一"及粤桂边纵队暨第一支队成立特刊》油印本	三级	1
530	1949年10月16日粤桂边区人民报社出版的《人民报》第57期	三级	1
531	1949年10月天光出版社编印《新民主主义土地改革》	三级	1
532	1949年1月2日《群众日报》第546号	三级	1
533	1949年1月授予方演的淮海战役纪念章	三级	1
534	1949年2月6日粤桂边区人民报社出版《捷报》第6期	三级	1
535	1949年2月年香港达德学院学生陈曼芬的修业证明书	三级	1
536	1949年2月香港达德学院学生陈明的修业证明书	三级	1
537	1949年2月香港达德学院学生陈影祥的修业证明书	三级	1
538	1949年2月香港达德学院学生黄经城的学费收据	三级	1
539	1949年2月香港达德学院学生林峥明的修业证明书	三级	1
540	1949年2月香港达德学院学生沈一鸣的修业证明书	三级	1
541	1949年2月香港达德学院学生吴迈的修业证明书	三级	1
542	1949年2月香港达德学院学生张寿颐的修业证明书	三级	1
543	1949年2月香港达德学院学生张修契的修业证明书	三级	1
544	1949年2月香港达德学院学生周曾铮的修业证明书	三级	1
545	1949年2月香港达德学院学生周雪清的修业证明书	三级	1
546	1949年2月粤桂边区人民报社油印《迎接独立民主的新中国——论革命与和平》	三级	1
547	1949年3月第四野战军后勤供给部马草票伍拾斤	三级	1
548	1949年4月21日人民报社油印传单：毛泽东、朱德命令	三级	1
549	1949年4月25日解放丛书之十《论三角洲的起义》油印本	三级	1
550	1949年4月5日新华社社论：要求南京政府向人民投降（剪报）	三级	1
551	1949年4月原东江纵队北江支队第一大队大队长郑戈的中共临时党员证	三级	1
552	1949年4月粤桂边区人民报社出版的《拥护中国共产党七届二中全会》油印本	三级	1
553	1949年4月中国人民解放军预借公粮证	三级	1
554	1949年5月粤桂边区人民解放军人民报社油印毛泽东文章《中国革命与中国共产党》	三级	1
555	1949年5月自由韩江社翻印七大通过的《中国共产党党章》	三级	1
556	1949年7月两广纵队战士罗启忠的中共临时党员证	三级	1

（续上表）

序号	名称	级别	数量（件／套）
557	1949年8月高州人民报社出版的毛泽东《论人民民主专政》油印本	三级	1
558	1949年8月陕甘宁边区政府财政厅印的《陕甘宁边区财政法令汇编》铅印本	三级	1
559	1949年8月四野南下工作团毕业纪念章	三级	1
560	1949年8月粤桂南边地委宣传部油印本《左派幼稚病第二章》	三级	1
561	1949年9月粤桂边纵第五支队第13团政治处油印毛泽东文章《中国革命与中国共产党》	三级	1
562	1949年9月粤桂边纵队政治部油印政策学习材料《中国人民解放军约法八章》	三级	1
563	1949年高明县第二区人民政府粮税代用券伍毫	三级	1
564	1949年高明县第二区人民政府粮税代用券伍元	三级	1
565	1949年广东高明县第一区人民政府粮税代用券壹元	三级	1
566	1949年广州地下学联刻印的秘密刊物《广州文摘》刊登《陈毅的工作报告》	三级	1
567	1949年鹤山县第四区人民政府粮税代用券贰元	三级	1
568	1949年鹤山县第四区人民政府粮税代用券壹元	三级	1
569	1949年欢送南下人民解放军"为人民立功"旗帜	三级	1
570	1949年惠州军事管制委员会胸章	三级	1
571	1949年解放西南胜利纪念章	三级	1
572	1949年军民合作社流通券1角	三级	1
573	1949年两广纵队某连部自编的八二炮教材	三级	1
574	1949年南方人民银行5元券	三级	1
575	1949年南方人民银行十元券	三级	1
576	1949年炮一师二十六团一连配合十六兵团解放太原获赠的锦旗	三级	1
577	1949年授予李端的淮海战役纪念章	三级	1
578	1949年授予张连的淮海战役纪念章	三级	1
579	1949年授予周伯明的渡江胜利纪念章	三级	1
580	1949年授予周伯明的淮海战役纪念章	三级	1
581	1949年遂南出版社印毛泽东《论联合政府》油印本	三级	1
582	1949年外国文书籍出版局印行列宁著《帝国主义是资本主义底最高阶段》	三级	1
583	1949年外国文书籍出版局印行列宁著《论马克思和恩格斯》	三级	1
584	1949年香港达德学院学生陈原的政工队队员军装	三级	1
585	1949年香港达德学院学生陈展为政工队队员时用过的挂包	三级	1
586	1949年香港达德学院学生黄经城的广州市军管会胸章	三级	1
587	1949年香港达德学院学生黄经城的粤赣湘边人民解放军胸章	三级	1
588	1949年香港达德学院学生林边的粤赣湘边人民解放军胸章	三级	1
589	1949年原广东人民抗日游击总队宝安大队军需员邹远山佩戴的中国人民解放军胸章	三级	1

（续上表）

序号	名称	级别	数量（件/套）
590	1949年粤桂边区人民报社出版的毛泽东《论人民民主专政》油印本	三级	1
591	1949年中共中央西北局翻印的党内文件《目前形势和党在1949年的任务》	三级	1
592	1949年中国人民解放军胸章	三级	1
593	1949年中国人民解放军粤赣湘边纵队臂章	三级	1
594	1949年中国人民银行10元纸币	三级	1
595	1949年中国人民银行江西省分行临时流通券10元票样	三级	1
596	1949年中国人民银行江西省分行临时流通券20元票样	三级	1
597	1949年中国人民银行江西省分行临时流通券票样	三级	1
598	1949年中国人民银行纸币1000元	三级	1
599	1949年中国人民银行纸币100元	三级	1
600	1949年中国人民银行纸币100元票样	三级	1
601	1949年中国人民银行纸币200元	三级	1
602	1949年中国人民银行纸币200元票样	三级	1
603	1949年中国人民银行纸币20元	三级	1
604	1949年中国人民银行纸币500元	三级	1
605	1949年中国人民银行纸币500元票样	三级	1
606	1949年中国人民银行纸币50元	三级	1
607	1949年中国人民银行纸币50元票样	三级	1
608	1950年1月粤桂边纵第五支队第十四团政治处印的《反对自由主义》	三级	1
609	1950年第六届农讲所学员张明远被任命为东北人民政府人民监察委员会副主任的通知书	三级	1
610	1950年东江纵队战士何清的华北解放纪念章	三级	1
611	1950年华北解放纪念章	三级	1
612	1950年解放华中南纪念章	三级	1
613	1950年毛泽东在北京饭店宴请全国战斗英雄代表全国工农兵劳动模范代表请柬	三级	1
614	1950年十五兵团兼广东军区后勤供给部餐票贰拾两	三级	1
615	1950年授予方演的解放华中南纪念章	三级	1
616	1950年授予严尚民的解放华中南纪念章	三级	1
617	1950年授予杨广的解放华中南纪念章（1950年解放华中南纪念章）	三级	1
618	1950年授予张连的华北解放纪念章	三级	1
619	1950年四九军文工团章	三级	1
620	1950年中央人民政府任命王作尧为广州市人民政府委员通知书	三级	1
621	1950年珠江纵队战士蔡超的广东军政大学毕业证书	三级	1
622	1950年珠江纵队战士蔡超的立功证明书	三级	1

（续上表）

序号	名称	级别	数量（件/套）
623	1951年7月广东中山县人民赠给赴朝慰问团广东代表的锦旗	三级	1
624	1951年9月人民群众欢庆解放手抄的歌本	三级	1
625	1951年第一届广州市劳模刘兆骥的广州市人民政府聘书	三级	1
626	1951年抗美援朝纪念章	三级	1
627	1951年授予周伯明的抗美援朝纪念章	三级	1
628	1951年香港达德学院学生杨广的连队生活通讯员证	三级	1
629	1952年第六届农讲所学员张明远被任命为东北人民政府秘书长的通知书	三级	1
630	1952年广州市人民政府给王作尧的出席会议通知书	三级	1
631	1952年粤西区生产模范会议纪念章	三级	1
632	1953年第六届农讲所学员张明远被任命为东北行政委员会副主席的通知书	三级	1
633	1953年广东省人民政府授予陈庆宜的农业劳动模范奖章	三级	1
634	1953年授予周伯明的抗美援朝勋章	三级	1
635	1953年台山县第一届劳动模范大会奖章	三级	1
636	1953年中央人民政府任命王作尧为广州市人民政府委员通知书	三级	1
637	1954年2月全国人民慰问人民解放军代表团赠章	三级	1
638	1954年7月4日广东顺德县坦田乡歌海村临时互助组登记表	三级	1
639	1954年朝鲜人民送给中国志愿军"保卫和平奋勇杀敌"锦旗	三级	1
640	1954年广东广宁县江布乡红星农业生产合作社社员花名册	三级	1
641	1954年广东省人民委员会授予陈庆宜的爱国增产奖章	三级	1
642	1954年广东省人民委员会授予李球柏的爱国增产奖章	三级	1
643	1954年香港达德学院学生杨广的中南军区立功证明书	三级	1
644	1954年中国人民慰问解放军代表团纪念章	三级	1
645	1955年11月中共广东省委邀请李球柏参加农业生产合作社主任座谈会的请帖	三级	1
646	1955年12月广东省第一届人民警察、治保会委员功臣模范代表大会代表证	三级	1
647	1955年12月广东省第一届人民警察、治保会委员功臣模范代表会主席团证	三级	1
648	1955年4月广东广宁县工作材料《红星社展开多种经营的情况与体会》	三级	1
649	1955年7月原香港达德学院院长陈其瑷证明黄素心学历的信函	三级	1
650	1955年农业社收据	三级	1
651	1955年授予蔡超的解放奖章和奖章证书	三级	1
652	1955年授予杨广的解放奖章	三级	1
653	1956年1月30日广东顺德农民刘华等人申请办农业合作社的报告	三级	1
654	1956年1月广东顺德县涌口村农民申请办农业合作社的报告	三级	1
655	1956年2月广东省人民委员会颁给广宁县红星农业生产合作社的奖状	三级	1

（续上表）

序号	名称	级别	数量（件/套）
656	1956年2月授予陈庆宜的广东省第一届农业劳动模范奖章	三级	1
657	1956年广东省烈属军属革命残废军人复员建设军人社会主义建设积极分子大会纪念章	三级	1
658	1956年广宁县新楼乡红星社结算分配总计表	三级	1
659	1956年广州重型机器厂工人记录毛泽东视察工厂情况的日记本	三级	1
660	1956年农业生产合作社发给社员记工分的劳动手册	三级	1
661	1956年全国烈军属、残废军人复员建设军人社会主义积代会纪念章	三级	1
662	1956年授予陈庆宜的广东省第一届农业劳模会议纪念章	三级	1
663	1956年香港达德学院学生杨广的解放奖章证明书	三级	1
664	1956年原东江纵队战士李永泉的国家考试委员会聘书	三级	1
665	1957年2月《全国农业劳动模范代表会议纪念刊》	三级	1
666	1957年2月22日中共中央毛泽东、周恩来、陈云、邓小平等接见全国农业劳模代表合影	三级	1
667	1957年2月台山县人民委员会颁给李球柏的特等农业模范奖状	三级	1
668	1957年7月广宁县江布乡红星农业生产合作社工分归户账封面	三级	1
669	1957年全国农业劳动模范代表会议纪念册封面	三级	1
670	1957年授予周伯明的二级独立自由勋章（带盒子）	三级	1
671	1957年授予周伯明的二级解放勋章（带盒子）	三级	1
672	1957年原东江纵队政治部主任杨康华的转业军人证明书	三级	1
673	1958年12月国务院奖给农业社会主义建设先进单位广东省广宁县红星农业生产合作社的奖状	三级	1
674	1958年6月23日中共中央办公厅给广州市第七中学学生任溥华的回信	三级	1
675	1958年毛泽东视察广州市郊棠下大队时用过的竹帽	三级	1
676	1958年毛泽东视察广州市郊棠下大队时坐过的长凳	三级	1
677	1958年团结社第十二连入人民公社的申请书	三级	1
678	1958年中山平众公社"新平一青年突击队"旗帜	三级	1
679	1959年6月广东增城石滩公社救灾巡堤用的马灯	三级	1
680	1959年6月广东增城石滩公社救灾用的广播筒	三级	1
681	1959年6月广东增城石滩公社救灾用的麻袋	三级	1
682	1959年8月台山《会议特刊》第2期	三级	1
683	1959年9月15日《台山报》	三级	1
684	1959年江门区农业生产群英会奖章	三级	1
685	1959年原东江华侨回乡服务团团长叶锋的干部劳动手册	三级	1
686	1959年周恩来、邓颖超在从化温泉宾馆帮助服务员送地毯用的三轮车	三级	1
687	1960年授予陈庆宜的湛江区第五届劳模会奖章	三级	1

（续上表）

序号	名称	级别	数量（件/套）
688	1960 年至 1961 年广东省委小岛宾馆工作人员为毛泽东送饭用的竹提篮	三级	1
689	1961 年 7 月广东省广宁县红星大队关于贯彻执行中央六十条（草案）的几项补充规定	三级	1
690	1961 年 9 月广东省广宁县红星大队定额报酬表	三级	1
691	1961 年广东省广宁县红星大队农林副畜业成本登记账	三级	1
692	1961 年国务院给邓楚白的任命书	三级	1
693	1961 年毛泽东在广东主持中央常委会时用的长台桌	三级	1
694	1961 年毛泽东在广东主持中央常委会时用过的藤桌	三级	1
695	1961 年毛泽东在广东主持中央常委会时坐过的藤椅	三级	1
696	1961 年原东江纵队独立第三大队政治委员邓汀穿过的上校军礼服	三级	1
697	1962 年 10 月中央办公厅印发的文件《农村人民公社工作条例修正草案》	三级	1
698	1962 年歼灭"九股"特务战利品——假钞票 1 元	三级	1
699	1962 年歼灭"九股"特务战利品——假钞票 3 元	三级	1
700	1962 年歼灭"九股"特务战利品——假钞票 5 元	三级	1
701	1963 年《中共中央关于目前农村工作中若干问题的决定（草案）》	三级	1
702	1963 年 2 月广东广宁新楼公社颁给红星大队的奖状	三级	1
703	1963 年广东省广宁县红星大队第四届第四次社员代表大会关于十五项规定的决议	三级	1
704	1963 年广东省委办公厅翻印文件《浙江省七个关于干部参加劳动的好材料》	三级	1
705	1964 年广东省广宁县红星大队印发的"五爱"公约	三级	1
706	1964 年广东省人民委员会颁给台山县李球柏的先进生产者奖状	三级	1
707	1965 年 2 月广东省广宁县红星大队定额报酬手册	三级	1
708	1965 年广东省委办公厅印发文件《农村社会主义教育运动中目前提出的一些问题》	三级	1
709	1966 年 6 月中共广宁县委办公室印《广宁县江布乡红星农业生产合作社发展多种经济解决了很大问题》	三级	1
710	1967 年原东江华侨回乡服务团团长叶锋在国家计委任职时的出入证	三级	1
711	1968 年梁谷添自制的援越抗美留念匕首（带布制刀鞘）	三级	1
712	1968 年徐纪的援越春节慰问牌	三级	1
713	1968 年越南赠予徐纪的战胜美国强盗徽章和徽章证书	三级	1
714	1970 年 3 月 12 日郭沫若到农讲所参观时手书毛泽东诗词《念奴娇·昆仑》	三级	1
715	1972 年第三届农讲所学员陈叙伦的摘帽通知书	三级	1
716	1975 年全国劳动模范李球柏出席四届人大第一次会议的文件袋	三级	1
717	1976 年 10 月阳江县革命委员会奖给救灾先进单位边海大队的旗帜	三级	1
718	1976 年 10 月阳江县革命委员会奖给农业学大寨先进单位边海大队党支部的旗帜	三级	1
719	1976 年 9 月共青团广东省委办公厅委员会的决心书	三级	1

（续上表）

序号	名称	级别	数量（件／套）
720	1977年5月29日广州重型机器厂工人为纪念毛泽东视察21周年撰写的喜报	三级	1
721	1977年原东江纵队政治部主任杨康华的中共中央党校读书证	三级	1
722	1978年1月《"周恩来号"机车命名文选》	三级	1
723	1978年1月1日铁道部文件《关于命名"周恩来号"机车的决定》	三级	1
724	1982年原东江纵队政治部主任杨康华的广东省第五届人大第四次会议出席证	三级	1
725	1983年原东江纵队政治部主任杨康华的广东省第六届人大代表当选证书	三级	1
726	1983年原东江纵队政治部主任杨康华的广东省委工作证	三级	1
727	1983年原东江纵队政治部主任杨康华的中共广东省第五次代表大会代表证	三级	1
728	1988年罗章龙在政协七届委员会提案原稿纸草记	三级	1
729	20世纪20年代第六届农讲所学员霍世杰读过的《高等新算术草本》	三级	1
730	20世纪20年代第六届农讲所学员霍世杰读过的《三字经》	三级	1
731	20世纪20年代第六届农讲所学员霍世杰读过的《阳宅三要》	三级	1
732	20世纪20年代第六届农讲所学员霍世杰使用过的《字帖》	三级	1
733	20世纪20年代第六届农讲所学员解学海读过的《北新文选》	三级	1
734	20世纪20年代第六届农讲所学员解学海读过的《东方杂志》	三级	1
735	20世纪20年代第六届农讲所学员解学海读过的《独秀文存》（二）	三级	1
736	20世纪20年代第六届农讲所学员解学海读过的《法国文学研究》	三级	1
737	20世纪20年代第六届农讲所学员解学海读过的《国语教学法》	三级	1
738	20世纪20年代第六届农讲所学员解学海读过的《京师教育报》第八期	三级	1
739	20世纪20年代第六届农讲所学员解学海读过的《京师教育报》第九期	三级	1
740	20世纪20年代第六届农讲所学员解学海读过的《社会主义史》	三级	1
741	20世纪20年代第六届农讲所学员解学海读过的《诗经卷之四本》	三级	1
742	20世纪20年代第六届农讲所学员解学海读过的《时艺阶》第六集	三级	1
743	20世纪20年代第六届农讲所学员解学海读过的《书学史》	三级	1
744	20世纪20年代第六届农讲所学员解学海读过的《蜀山图歌》	三级	1
745	20世纪20年代第六届农讲所学员解学海读过的《说文》	三级	1
746	20世纪20年代第六届农讲所学员解学海读过的《算术教科书》	三级	1
747	20世纪20年代第六届农讲所学员解学海读过的《王船山读通鉴论》（一套）	三级	1
748	20世纪20年代第六届农讲所学员解学海读过的《新建设》第一卷第三期	三级	1
749	20世纪20年代第六届农讲所学员解学海读过的《新教育》第六卷第三期	三级	1
750	20世纪20年代第六届农讲所学员解学海读过的《新教育》第六卷第一期	三级	1
751	20世纪20年代第六届农讲所学员解学海读过的《新青年》第八卷第四号	三级	1
752	20世纪20年代第六届农讲所学员解学海读过的《新青年》第九卷第二号	三级	1

（续上表）

序号	名称	级别	数量（件/套）
753	20世纪20年代第六届农讲所学员解学海读过的《新青年》第九卷第六号	三级	1
754	20世纪20年代第六届农讲所学员解学海读过的《新青年》第六卷第六号	三级	1
755	20世纪20年代第六届农讲所学员解学海读过的《新青年》第七卷第一号	三级	1
756	20世纪20年代第六届农讲所学员解学海读过的《修身教科书》	三级	1
757	20世纪20年代第六届农讲所学员解学海读过的《御批历代通鉴辑览》（一套）	三级	1
758	20世纪20年代第六届农讲所学员解学海读过的《中国妇女问题讨论集》	三级	1
759	20世纪20年代第六届农讲所学员解学海读过的《中外政治策论汇编》（一套）	三级	1
760	20世纪20年代第六届农讲所学员解学海读过的《朱执信集》（上、下）	三级	1
761	20世纪20年代第六届农讲所学员解学海读过的书《社会进化史》	三级	1
762	20世纪20年代第六届农讲所学员孙选读过的《史记》《段氏说文解字注》《战国策》等书	三级	1
763	20世纪20年代第五届农讲所学员贺尔康读过的《马格斯资本论入门》	三级	1
764	20世纪20年代第五届农讲所学员贺尔康读过的书《京汉工人流血记》	三级	1
765	20世纪30年代国立中山大学员生工友抗日会印发《告全国同胞书》	三级	1
766	20世纪30年代国立中山大学员生工友抗日会印发《国立中山大学外县宣传队宣传计划大纲》	三级	1
767	20世纪30年代江西宜春第六区第十乡赤卫队袖章	三级	1
768	20世纪40年代抗大三周年纪念章	三级	1
769	20世纪40年代抗日纪念章	三级	1
770	20世纪50年代察哈尔省康保县某少儿队献给志愿军"捍卫祖国"锦旗	三级	1
771	20世纪50年代高明县第一区人民政府乡政干部证章	三级	1
772	20世纪50年代高明县人民政府土地改革委员会文工团胸章	三级	1
773	20世纪50年代高明县土地改革委员会证章	三级	1
774	20世纪50年代共青团高明县委员会证章	三级	1
775	20世纪50年代广东高明县人民政府证章	三级	1
776	20世纪50年代广东海康县卫生院、粮食局赠给赴朝慰问的广州代表团的锦旗	三级	1
777	20世纪50年代广东鹤山县人民政府证章	三级	1
778	20世纪50年代广东省第一届农业劳模会议纪念章	三级	1
779	20世纪50年代广东顺德第六区机关团体赠赴朝慰问团的锦旗	三级	1
780	20世纪50年代鹤山县农干班胸章	三级	1
781	20世纪50年代鹤山县土改干部学习班胸章	三级	1
782	20世纪50年代解放海南岛纪念章	三级	1
783	20世纪50年代青年团东莞石龙工作委员会赠赴朝慰问团广东代表的锦旗	三级	1
784	20世纪50年代全国劳动模范、中山县港口公社党委书记梁祥胜学过的毛选单行本	三级	1

（续上表）

序号	名称	级别	数量（件/套）
785	20世纪50年代香港达德学院学生杨广的中国人民解放军粤北军区军纪检查证	三级	1
786	20世纪50年代原广东人民抗日游击总队 第五大队副大队长周伯明抗美援朝时穿过的军大衣	三级	1
787	20世纪50年代粤中土改工作团证章	三级	1
788	20世纪50年代中共高明县委会证章	三级	1
789	20世纪50年代中国共产党鹤山县委会证章	三级	1
790	20世纪50年代中国人民志愿军击落美机后的残骸	三级	1
791	20世纪50年代中国人民志愿军缴获的美军军帽	三级	1
792	20世纪50年代中国人民志愿军缴获美军用的铝饭盒（带盖）	三级	1
793	20世纪50年代中国人民志愿军缴获美军用的皮夹金属镜	三级	1
794	20世纪50年代中国新民主主义青年团高明县工委会证章	三级	1
795	20世纪50年代珠江纵队战士孙文德抗美援朝时的口盅	三级	1
796	20世纪60—70年代广宁新楼公社红星大队干部读过的毛泽东著作	三级	1
797	20世纪60—70年代海南琼山红旗大队党支部书记李恒章的学习材料2册合订本	三级	1
798	20世纪60—70年代海南琼山红旗大队党支部书记李恒章的学习用书《农村共产党员课本》	三级	1
799	20世纪60—70年代海南琼山红旗大队党支部书记李恒章的学习用书 《怎样做一个共产党员》	三级	1
800	20世纪60—70年代海南琼山红旗大队党支部书记李恒章的学习资料《党的农村支部工作》	三级	1
801	20世纪60—70年代海南琼山红旗大队党支部书记李恒章学习资料《合作化问答》	三级	1
802	20世纪60—70年代海南琼山红旗大队党支部书记李恒章学习资料4册合订本	三级	1
803	20世纪60—70年代原东江纵队副司令员兼参谋长王作尧使用的皮包	三级	1
804	20世纪60年代广东广宁新楼公社红星大队社会主义教育资料之四	三级	1
805	20世纪60年代广东广宁新楼公社红星大队社会主义教育资料之五	三级	1
806	20世纪60年代广东广宁新楼公社红星大队社会主义教育资料之一	三级	1
807	20世纪60年代毛泽东在广州用过的信纸、信封	三级	1
808	20世纪60年代原东江纵队副司令员兼参谋长王作尧使用的眼镜（带盒子）	三级	1
809	20世纪60年代中国人民解放军缴获九股台湾特务物品：降落伞	三级	1
810	20世纪60年代中国人民解放军缴获九股台湾特务物品：救生衣	三级	1
811	20世纪70年代革命圣地纪念章——井冈山	三级	1
812	20世纪70年代革命圣地纪念章——武昌中央农民运动讲习所	三级	1
813	20世纪70年代革命圣地纪念章——中国革命历史博物馆	三级	1
814	20世纪70年代琼山县盖有红旗农业合作社公章的日记账封面	三级	1
815	20世纪70年代原东江纵队北江支队队长邬强穿过的解放军军装	三级	1

（续上表）

序号	名称	级别	数量（件／套）
816	20世纪70年代原东江纵队副司令员兼参谋长王作尧穿过的军装	三级	1
817	20世纪70年代中共中央军事委员会信封	三级	1
818	第二次国内革命战争时期"仇不报，无回家"红军布胸章	三级	1
819	第二次国内革命战争时期《共产儿童读本》第二册、第四册合订本	三级	1
820	第二次国内革命战争时期《共产儿童读本》第一册	三级	1
821	第二次国内革命战争时期《土改法》	三级	1
822	第二次国内革命战争时期潮普惠县文教部发《查田须知》	三级	1
823	第二次国内革命战争时期赤卫队装干粮用的背包	三级	1
824	第二次国内革命战争时期党内文件《中国共产党与农民土地问题》	三级	1
825	第二次国内革命战争时期儿童读本、儿童实话第四期合订本	三级	1
826	第二次国内革命战争时期广东丰顺县龙溪乡墙溪分政府编定各小组队伍总簿	三级	1
827	第二次国内革命战争时期广东五华县赤卫队袖章	三级	1
828	第二次国内革命战争时期广东五华县农民赤卫队用过的火药角	三级	1
829	第二次国内革命战争时期广东兴宁第三乡赤卫队队员肩章	三级	1
830	第二次国内革命战争时期广西右江中游党负责人之一韦金殿用过的火药角	三级	1
831	第二次国内革命战争时期红军帮助群众割稻子用的镰刀	三级	1
832	第二次国内革命战争时期红军的领章	三级	1
833	第二次国内革命战争时期红军伙食尾子双毫银币	三级	1
834	第二次国内革命战争时期红军家属优待证	三级	1
835	第二次国内革命战争时期红军排长林生用过的壹圆银币	三级	1
836	第二次国内革命战争时期红军十周年纪念章	三级	1
837	第二次国内革命战争时期红军使用的手榴弹	三级	1
838	第二次国内革命战争时期红军送给井冈山赤卫队的子弹壳	三级	1
839	第二次国内革命战争时期红军袖章	三级	1
840	第二次国内革命战争时期红军用的蓝布包袱皮	三级	1
841	第二次国内革命战争时期红军在广东大南山坚持斗争时用过的药膏	三级	1
842	第二次国内革命战争时期红军在广东大南山崛刚坑洞坚持斗争时用过的陶盘	三级	1
843	第二次国内革命战争时期红军在广东大南山时用过的电池	二级	1
844	第二次国内革命战争时期红军在广东大南山水屈洞用过的瓷盘	三级	1
845	第二次国内革命战争时期红军在广东作战时用过的军号	三级	1
846	第二次国内革命战争时期红军战士黄雄蔡使用的葫芦	三级	1
847	第二次国内革命战争时期红军自制的五星手榴弹	三级	1
848	第二次国内革命战争时期红七军遗留在广西的剪刀	三级	1

（续上表）

序号	名称	级别	数量（件／套）
849	第二次国内革命战争时期湖南茶陵农民赤卫队员用过的铁弹和提篮	三级	1
850	第二次国内革命战争时期湖南平江县南桥乡赤卫队袖章	三级	1
851	第二次国内革命战争时期江西省红军家属优待证	三级	1
852	第二次国内革命战争时期江西新余九坑塔前村赤卫队袖章	三级	1
853	第二次国内革命战争时期江西信丰县赤卫队袖章	三级	1
854	第二次国内革命战争时期井冈山赤卫队使用的匕首	三级	1
855	第二次国内革命战争时期井冈山赤卫队使用的手榴弹	三级	1
856	第二次国内革命战争时期镰刀、斧头、五角星图案的袖章	三级	1
857	第二次国内革命战争时期苏区文化课本之工农读本第二册	三级	1
858	第二次国内革命战争时期苏维埃政府编印小学课本《国语读本》	三级	1
859	第二次国内革命战争时期中共英山中心县委会印《分配土地问答》	三级	1
860	第二次国内革命战争时期中国共产党党证	三级	1
861	第二次国内革命战争时期中华苏维埃共和国革命战争公债券伍元	三级	1
862	第二次国内革命战争时期中华苏维埃共和国国家银行纸币贰角	三级	1
863	第二次国内革命战争时期中华苏维埃共和国国家银行纸币壹元	三级	1
864	第二次国内革命战争时期中华苏维埃共和国红军临时借谷证	三级	1
865	第二次国内革命战争时期中华苏维埃共和国经济建设公债券贰元	三级	1
866	第二次国内革命战争时期中华苏维埃共和国经济建设公债券叁元	三级	1
867	第二次国内革命战争时期中华苏维埃共和国经济建设公债券伍角	三级	1
868	第二次国内革命战争时期中华苏维埃共和国经济建设公债券伍元	三级	1
869	第二次国内革命战争时期中华苏维埃共和国粮食人民委员部九两米票	三级	1
870	第二次国内革命战争时期中华苏维埃共和国粮食人民委员部十两米票	三级	1
871	第二次国内革命战争时期中华苏维埃共和国铜币伍分	三级	1
872	第二次国内革命战争时期中华苏维埃共和国铜币壹分	三级	1
873	第一次国内革命战争时期《农民丛刊》卷二	三级	1
874	第一次国内革命战争时期潮州工界联合会会员证章	三级	1
875	第一次国内革命战争时期成显文的广东省农民协会会员临时会证	三级	1
876	第一次国内革命战争时期传单：祝曲江农工商学联合会成立	三级	1
877	第一次国内革命战争时期第六届农讲所学员笔记本一页	三级	1
878	第一次国内革命战争时期第六届农讲所学员冀三纲用过的书篓	三级	1
879	第一次国内革命战争时期第五届农讲所学员谢铁民读过的《马克思主义浅说》	三级	1
880	第一次国内革命战争时期广东潮安上莆区区农民协会奖章	三级	1
881	第一次国内革命战争时期广东潮安县农民协会会员证	三级	1

（续上表）

序号	名称	级别	数量（件/套）
882	第一次国内革命战争时期广东大埔县第四区敬里乡农民协会印章	三级	1
883	第一次国内革命战争时期广东大埔县第四区某乡农民协会印章	三级	1
884	第一次国内革命战争时期广东德庆第五区获侯乡农民协会人名册	三级	1
885	第一次国内革命战争时期广东德庆县第三区云贞乡农民协会印章	三级	1
886	第一次国内革命战争时期广东德庆县第五区凤村乡农协成立请柬	三级	1
887	第一次国内革命战争时期广东德庆县第五区各农会会员名册存底总簿	三级	1
888	第一次国内革命战争时期广东番禺县农民协会会员证章	三级	1
889	第一次国内革命战争时期广东高要端源乡农会证章	三级	1
890	第一次国内革命战争时期广东高要领村农民自卫军用过的粉枪	三级	1
891	第一次国内革命战争时期广东工会联合会出席代表证章	三级	1
892	第一次国内革命战争时期广东海丰县农民协会会员证章	三级	1
893	第一次国内革命战争时期广东鹤山县第二区来苏乡农民协会印章	三级	1
894	第一次国内革命战争时期广东鹤山县农民协会会员证章	三级	1
895	第一次国内革命战争时期广东怀集诗洞农会用过的斗	三级	1
896	第一次国内革命战争时期广东惠阳县农民协会会员证章	三级	1
897	第一次国内革命战争时期广东揭阳农民协会会员证章	三级	1
898	第一次国内革命战争时期广东揭阳县农民自卫军防火沙和弹片时用的竹帽	三级	1
899	第一次国内革命战争时期广东南海第二区水口村农民协会印章	三级	1
900	第一次国内革命战争时期广东南海第九区大镇乡农民协会印章	三级	1
901	第一次国内革命战争时期广东南海第九区农民协会李羽吉烈士用过的墨水笔	三级	1
902	第一次国内革命战争时期广东南海县第九区铁权乡农民协会印章	三级	1
903	第一次国内革命战争时期广东南海县农民协会会员证章	三级	1
904	第一次国内革命战争时期广东南雄县农民协会会员证章	三级	1
905	第一次国内革命战争时期广东坭溪民众用过的喇叭	三级	1
906	第一次国内革命战争时期广东普宁县农民协会会员证章	三级	1
907	第一次国内革命战争时期广东清远第二区后山笔架乡农民协会会员证	三级	1
908	第一次国内革命战争时期广东清远县农民协会会员证章	三级	1
909	第一次国内革命战争时期广东曲江县第十四区塘头乡农会侯氏的会员证	三级	1
910	第一次国内革命战争时期广东曲江县农民协会会员证章	三级	1
911	第一次国内革命战争时期广东饶平县农民协会会员证章	三级	1
912	第一次国内革命战争时期广东饶平县农民自卫军模范队毕业证章	三级	1
913	第一次国内革命战争时期广东仁化县农民协会会员证章	三级	1
914	第一次国内革命战争时期广东汕头市郊农民协会会员证章	三级	1

（续上表）

序号	名称	级别	数量（件／套）
915	第一次国内革命战争时期广东省农民协会会员临时会证	三级	1
916	第一次国内革命战争时期广东省农民协会西江办事处印章	三级	1
917	第一次国内革命战争时期广东省农民协会印《农民自卫军组织大纲》	三级	1
918	第一次国内革命战争时期广东顺德县农民协会会员证章	三级	1
919	第一次国内革命战争时期广东五华县农民协会战旗	三级	1
920	第一次国内革命战争时期广东五华县农民自卫军袖章	三级	1
921	第一次国内革命战争时期广东五华县农民自卫军作战时用过的火药角	三级	1
922	第一次国内革命战争时期广东新会县农民协会会员证章	三级	1
923	第一次国内革命战争时期广东兴宁县农民协会入会问答题	三级	1
924	第一次国内革命战争时期广东英德县农民协会会员证章	三级	1
925	第一次国内革命战争时期广东油业工会会员证章	三级	1
926	第一次国内革命战争时期广东云浮县第二区二分区长管坑乡农民协会会员证	三级	1
927	第一次国内革命战争时期广东中山县农民协会会员证章	三级	1
928	第一次国内革命战争时期广宁农民自卫军用过的火药袋	三级	1
929	第一次国内革命战争时期广宁县农民协会郑仁成烈士用过的煤油灯	三级	1
930	第一次国内革命战争时期广西桂平县宣二区三步岭乡农民协会印章	三级	1
931	第一次国内革命战争时期广州市郊农民协会会员证章	三级	1
932	第一次国内革命战争时期国民革命军第一教导师司令部出入证	三级	1
933	第一次国内革命战争时期海丰农军第一大队第三小队第二分队证	三级	1
934	第一次国内革命战争时期鹤山第二区塘田乡农民协会证章	三级	1
935	第一次国内革命战争时期怀南六龙乡农会钤记章	三级	1
936	第一次国内革命战争时期惠阳第九区农民协会自卫军证章	三级	1
937	第一次国内革命战争时期惠州农民联合会会员证	三级	1
938	第一次国内革命战争时期李邦宏的广东省农民协会会员临时会证	三级	1
939	第一次国内革命战争时期路条	三级	1
940	第一次国内革命战争时期农民运动丛书之十四《农民协会组织法》	三级	1
941	第一次国内革命战争时期农民自卫军襟章	三级	1
942	第一次国内革命战争时期琼东党部传单：为追悼县属死难农友敬告民众	三级	1
943	第一次国内革命战争时期韶州学生联合会传单：为反孙大会告民众	三级	1
944	第一次国内革命战争时期绥辑委员会出入证	三级	1
945	第一次国内革命战争时期王炳生的湖南长沙第十二区第二十九乡农民协会会员证	三级	1
946	第一次国内革命战争时期王俊德的湖南长沙第十二区第二十九乡农民协会会员证	三级	1
947	第一次国内革命战争时期慰劳北伐军纪念章	三级	1

（续上表）

序号	名称	级别	数量（件/套）
948	第一次国内革命战争时期伍乔保的广东省农民协会会员临时会证	三级	1
949	第一次国内革命战争时期夏新丰农民协会会员证章	三级	1
950	第一次国内革命战争时期杨星旺的醴南十四区农会会员证	三级	1
951	第一次国内革命战争时期粤东区赤卫队新编登记表	三级	1
952	第一次国内革命战争时期粤商团军纪念章	三级	1
953	第一次国内革命战争时期中国国民党中央执行委员会农民部印行《孙总理对于农民运动之演说词》	三级	1
954	建党初期马尔西著李汉俊译《马格斯资本论入门》	三级	1
955	解放战争时期《任弼时在青年团第一次全国代表大会上的政治报告》油印本	三级	1
956	解放战争时期的手抄歌集	三级	1
957	解放战争时期的选民证	三级	1
958	解放战争时期登载英雄事迹的《画史》	三级	1
959	解放战争时期邓发同志用过的裤背带	三级	1
960	解放战争时期邓发同志用过的领带	三级	1
961	解放战争时期东北炮一师二团解放太原获赠的旗帜	三级	1
962	解放战争时期东北人民解放军艰苦奋斗奖章	三级	1
963	解放战争时期东江第三支队战士茹新生使用过的毛毡	三级	1
964	解放战争时期东江纵队北江支队队长邬强穿过的军大衣	三级	1
965	解放战争时期东江纵队北江支队队长邬强用过的望远镜（带皮盒）	三级	1
966	解放战争时期东江纵队第七支队政治委员邓秀芳装文件用的铁皮箱	三级	1
967	解放战争时期东江纵队女战士黄淑暖使用过的布袋子	三级	1
968	解放战争时期东江纵队司令部机要科译电员韩明用过的黑被套	三级	1
969	解放战争时期东江纵队通讯员郭厚智使用的装密码文件的皮包	三级	1
970	解放战争时期东江纵队战士陈煌亮使用过的毛毡	三级	1
971	解放战争时期东江纵队战士何清使用过的背包带	三级	1
972	解放战争时期东江纵队战士李云用过的马袋	三级	1
973	解放战争时期东江纵队战士林英为部队缝制包袱皮和米袋用的缝纫机	三级	1
974	解放战争时期东江纵队战士叶祥（叶详）参加淮海战役时受伤到医院治疗的伤票	三级	1
975	解放战争时期东江纵队战士用过的绑带	三级	1
976	解放战争时期东江纵队政治部主任杨康华使用的小口径手枪子弹	三级	1
977	解放战争时期妇女运动文献《中国妇女运动当前的方针任务报告》	三级	1
978	解放战争时期广游二支队秘书严尚民用过的文件箱	三级	1
979	解放战争时期解放军臂章	三级	1

（续上表）

序号	名称	级别	数量（件／套）
980	解放战争时期解放军战士的劳军布鞋	三级	1
981	解放战争时期军民合作社流通券5分	三级	1
982	解放战争时期抗战牺牲将士陈口良遗族通知书	三级	1
983	解放战争时期抗战牺牲将士高顺清遗族通知书	三级	1
984	解放战争时期抗战牺牲将士黄刚遗族通知书	三级	1
985	解放战争时期抗战牺牲将士邢云霞遗族通知书	三级	1
986	解放战争时期抗战牺牲将士张金铃遗族通知书	三级	1
987	解放战争时期两广纵队教导团政委郑铮的华北军政大学毕业证书	三级	1
988	解放战争时期两广纵队教导团政委郑铮用过的怀表	三级	1
989	解放战争时期两广纵队一师作战科长李南的作战书——《兵团战术概则》（上下册）	三级	1
990	解放战争时期两广纵队作战科长李南用过的绑腿	三级	1
991	解放战争时期毛泽东《新民主主义论》油印本	三级	1
992	解放战争时期南方出版社油印《左派幼稚病》第二章	三级	1
993	解放战争时期南三花人民游击队油印传单：向全国约法八章	三级	1
994	解放战争时期人民报社油印传单：强大人民解放军横渡长江	三级	1
995	解放战争时期人民解放军杨子元用过的包袱皮	三级	1
996	解放战争时期山东解放军佩戴的臂章	三级	1
997	解放战争时期团结报社油印毛泽东讲话《总路线和总政策》	三级	1
998	解放战争时期杨侠生穿过的军长裤	三级	1
999	解放战争时期原东江纵队第三支队第一大队政治委员王彪装文件用的铁皮箱	三级	1
1000	解放战争时期原东江纵队司令部参谋罗启忠使用过的指南针（有皮套）	三级	1
1001	解放战争时期原东江纵队司令部协理员黄川装文件的皮包	三级	1
1002	解放战争时期原珠江纵队政委梁嘉缴获的美国制造的国民党军官的羊毛裤	三级	1
1003	解放战争时期粤赣湘边纵队战士徐铭坤自制的竹匙羹	三级	1
1004	解放战争时期粤桂边区人民报社报道：杜聿明部邱李两兵团已面临绝境	三级	1
1005	解放战争时期粤桂边区人民报社编印《反无政府无纪律状态》油印本	三级	1
1006	解放战争时期粤桂边区人民报社油印本 《无可奈何的供状——美国关于中国问题的白皮书》	三级	1
1007	解放战争时期粤桂边区人民报社油印香港《群众》周刊军事评论	三级	1
1008	解放战争时期战斗英雄纪念章	三级	1
1009	解放战争时期正风出版社油印七大通过的《中国共产党党章》	三级	1
1010	解放战争时期珠江纵队第一支队政治处主任杨子江用过的毛毡	三级	1
1011	解放战争时期珠江纵队战士林克用过的毛毡	三级	1

（续上表）

序号	名称	级别	数量（件／套）
1012	抗日战争时期《共产党人》11—16期合订本	三级	1
1013	抗日战争时期《共产党人》第1期至第5期合订本	三级	1
1014	抗日战争时期《解放》第41、42、46、47、48、57、59、62期合订本	三级	1
1015	抗日战争时期《解放》周刊第一卷第22至26、28至30期合订本	三级	1
1016	抗日战争时期《十九路军抗日战史》	三级	1
1017	抗日战争时期359旅在大生产时用过的六寸锄头	三级	1
1018	抗日战争时期东莞人民抗日游击队传单：反对刘光残害忠良	三级	1
1019	抗日战争时期东江第一支队游击女战士用过的皮带	三级	1
1020	抗日战争时期东江游击队印发《加紧反抢粮，保证夏收的宣传大纲》	三级	1
1021	抗日战争时期东江纵队北江支队队长邬强用过的饭盒	三级	1
1022	抗日战争时期东江纵队女战士陶兰用过的包袱皮	三级	1
1023	抗日战争时期东江纵队司令部机要科长杜襟南使用过的背包	三级	1
1024	抗日战争时期东江纵队战士陈苍用过的包袱皮	三级	1
1025	抗日战争时期东江纵队战士陈煌亮用过的包袱皮	三级	1
1026	抗日战争时期东江纵队战士林金枫穿过的军服	三级	1
1027	抗日战争时期东江纵队战士林金枫穿过的军服	三级	1
1028	抗日战争时期东江纵队战士麦芝使用过的毛毡	三级	1
1029	抗日战争时期东江纵队战士王柏用过的毯子	三级	1
1030	抗日战争时期东江纵队战士张江明使用过的布袋	三级	1
1031	抗日战争时期东江纵队战士张江明使用过的毛毡	三级	1
1032	抗日战争时期东江纵队政治委员尹林平用过的钢笔	三级	1
1033	抗日战争时期飞虎队臂章	三级	1
1034	抗日战争时期广东人民抗日游击队卫生员赖友娣用过的包袱皮	三级	1
1035	抗日战争时期广东省新会县第五区民众抗敌后援会证章	三级	1
1036	抗日战争时期鹤山民众抗敌后援会那白乡工作团证章	三级	1
1037	抗日战争时期红军战士用过的茶缸	三级	1
1038	抗日战争时期解放式灰布军帽	三级	1
1039	抗日战争时期军帽	三级	1
1040	抗日战争时期抗大毕业证章	三级	1
1041	抗日战争时期抗战歌曲集选	三级	1
1042	抗日战争时期鲁中地区秋季战时军用粮票50斤	三级	1
1043	抗日战争时期民兵缴获的子弹袋	三级	1
1044	抗日战争时期三五九旅在大生产时用过的镰刀	三级	1

（续上表）

序号	名称	级别	数量（件/套）
1045	抗日战争时期我军战士在大产生时用过的镢头	三级	1
1046	抗日战争时期新华社翻印毛泽东著作《反对党内几种不正确的倾向》	三级	1
1047	抗日战争时期延安火柴厂用过的印模	三级	1
1048	抗日战争时期珠江纵队战士蔡超缴获的敌人的毛毡	三级	1
1049	抗日战争时期珠江纵队战士蔡秀玲的毛背衫	三级	1
1050	抗日战争时期珠江纵队战士黄江平用过的望远镜（带皮套）	三级	1
1051	抗日战争时期珠江纵队战士黄江平用过的指南针	三级	1
1052	民国时期写在抗日传单背面的《抗日新歌》	三级	1

注：摘自 2021 年公布的《广东省革命文物名录》。